FAMOUS DISHES
from Around the World:
Healthy, Tasty, and Affordable

To lovers of good ethnic food everywhere — and to cultural diversity!

Para los amantes de la buena comida étnica, en cualquier lugar –¡y por la diversidad cultural!

Moonstone Press LLC
Sarasota, FL

PLATOS FAMOSOS
de todo el mundo:
saludables, sabrosos y ecónomicos

Published in the United States

Moonstone Press LLC
4816 Carrington Circle, Sarasota, FL 34243

Executive Editor: Stephanie Maze
Senior Editor: Karin Kinney
Art Director: Alexandra Littlehales
Translator: Alicia Fuentes Gargallo
Spanish Editor: Maria Antonia Cabrera Arus

Library of Congress Cataloging-in-Publication Data

Names: Moonstone Press LLC., publisher.
Title: Famous dishes from around the world : healthy, tasty, and affordable =
  Platos famosos de todo el mundo : saludables, sabrosos y economicos.
Other titles: Platos famosos de todo el mundo
Description: Sarasota, FL : Moonstone Press LLC, [2019] | Includes
  bibliographical references and indexes. | In English and Spanish.
Identifiers: LCCN 2018052314 | ISBN 9780972769723 (pbk.)
Subjects: LCSH: International cooking. | Entrâees (Cooking) | LCGFT:
  Cookbooks.
Classification: LCC TX725.A1 F285 2019 | DDC 641.59--dc23
LC record available at https://lccn.loc.gov/2018052314

Printed in Malaysia by Tien Wah Press

Acknowledgments

A heartfelt thanks to the very valuable contributions of friends and colleagues who participated in this book: to Karin Kinney, our senior editor, for her wonderful recipes, love of cooking, and the many hours she spent testing the dishes in her kitchen and sharing them with friends over dinner; to Beth Anderson, author and holistic health coach, for her extensive knowledge of Indian food and her delicious Indian and Middle Eastern recipes; to Alexandra Littlehales, our art director, for the difficult task of laying out complicated pages in two languages simultaneously – and her patience; and to Alicia Fuentes Gargallo, Spanish Immersion educator, for her tasty Chinese Kung Pao recipe and for the book's translation into Spanish.

Reconocimientos

Mis más sinceras gracias, por sus muy valiosas contribuciones, a los amigos y colegas que han participado en este proyecto: a Karin Kinney, nuestra editora en jefe, por sus maravillosas recetas, su amor por la cocina y las muchas horas que pasó preparando y probando los platos en su cocina –y compartiéndolos con amigos durante la cena; a Beth Anderson, autor y entrenador de salud integral, por su extenso conocimiento de la comida india y por sus deliciosas recetas de la India y del Medio Oriente; a Alexandra Littlehales, nuestra directora artística, por la difícil tarea de organizar las páginas en dos idiomas simultáneamente –y por su paciencia; y a Alicia Fuentes Gargallo, educatora de inmersión al español, por su rica receta de Kung Pao chino y por la traducción del libro al español.

Contenido

Contents

Introducción

En casa o en el extranjero, si hay algo que une a las personas de cualquier sociedad es una sabrosa comida compartida con los seres queridos, amigos, colegas o incluso rivales. "La comida es nuestro terreno en común, una experiencia universal", escribió el reconocido chef James Beard. En tanto base fundamental de la vida, la comida –y por extensión el cocinarla– no es solo esencial para sustentar al cuerpo humano, sino también importante como alimento emocional para el alma. En estos tiempos, cuando existen trillones de aparatos eléctricos, una comida compartida puede ser uno los últimos baluartes para una conexión interpersonal verdadera en nuestro país y en cualquier sitio alrededor del mundo.

La comida, y los platos étnicos que han traído a los Estados Unidos muchas generaciones de inmigrantes, son también un lazo que une a quienes son ciudadanos estadounidenses con quienes no lo son. Por medio de recetas auténticas, o de las variaciones que han evolucionado a través del tiempo, las contribuciones de los platos extranjeros a las artes culinarias en América han sido prodigiosas. Gracias a las diversas culturas nacionales, estas recetas se han convertido en sinónimo de la esencia de la cocina americana. No solo nos sentimos atraídos por la ecléctica variedad de estas comidas, también las adoptamos con entusiasmo.

Lo mismo un restaurante francés que pregona la última creación de la nouvelle cuisine o el tradicional coq au vin, que los camiones ambulantes que venden barbacoa coreana, falafels libaneses o arepas colombianas, o los puestos en los aeropuertos que ofertan sushi japonés o burritos mexicanos, o una sencilla invitación a un delicioso plato de pasta italiano cocinado por un cortés anfitrión en la privacidad de su hogar, la cocina internacional impregna el tejido social americana, y los platos étnicos se encuentran por doquier. Presentes en cada esquina de nuestras ciudades y mercados, o en casa, expresan nuestra herencia multicultural y la riqueza de nuestra experiencia colectiva. Se podría decir que, de todas las magníficas manifestaciones culturales en los Estados Unidos, la más auténtica y popular es el arte culinario y la miríada de tipos de comidas y cocinas. Mezclados por la química de sus ingredientes, los sabores y olores de estos platos étnicos americanos –realzados por sus exclusivas especias– provocan todo tipo de emociones, generan partidarios insaciables y crean memorias para toda una vida. ¿Podríamos imaginar un país sin ellos?

Sin embargo, más allá de las emociones y de las memorias, los platos de este libro representan algo más profundo: son una colección de reconocidas recetas nacionales que se han convertido en símbolo de sus países. Como tales, son orgullo nacional y herencia cultural que se transmite de generación en generación. Aunque nos hemos tomado algunas libertades en la elaboración de algunas recetas (para incluir ingredientes un poco más saludables y quizás menos picantes que los originales) y hemos sustituido, tanto como hemos podido, la carne roja o cerdo por pavo, pollo o vegetales (ej., en la Feijoada brasileña o en la Moussaka griega), la esencia de los platos no cambia y las especias por las cuales se les reconoce continúan siendo las mismas. También hemos tenido en cuenta el presupuesto al cocinar y probar las recetas presentadas en este libro, eligiendo aderezos comunes a varias recetas (ej., aceites, vinagres y especias, como los de la muy económica, pero excelente, marca Badia). Ningún plato excede los $18.00. Las abundantes cantidades de los ingredientes –disponibles en cadenas nacionales como Walmart, Publix y Safeway o a través de internet– alcanzan para servir segundas raciones en las comidas familiares.

Famous Dishes/ Platos famosos es un homenaje a la herencia cultural de nuestro país y al crisol americano.
¡Que crezca y florezca!

¡Y buen provecho!

Introduction

At home or abroad, if there is anything that can bring people together in any society, it's a tasty meal shared with loved ones, friends, colleagues or even adversaries. "Food is our common ground, our universal experience," the noted chef, James Beard, once wrote. As the fundamental staple of life, food – and by extension the cooking of food – is not only essential sustenance for the human body, it's also emotional nourishment for the soul. In an age of zillions of impersonal gadgets, a shared meal may be one of the last bastions of true interpersonal connectivity and communication in our country and across the world.

Food, in the form of dishes introduced to the United States by generations of immigrants, is also a bond that draws us together – citizens and non-citizens alike. Through authentic recipes or variations thereof that have evolved over time, the contributions of foreign dishes to the culinary arts in America have been prodigious. Across the nation's large swath of cultures, these recipes have become synonymous with the very essence of American cuisine. We are attracted not only to the eclectic variety of these foods, we embrace them with total gusto.

Whether it's a French restaurant heralding the latest creation of nouvelle cuisine or a traditional coq au vin, food trucks offering Korean barbecue, Lebanese falafel or Colombian arepas, airport food stations featuring a dizzying array of Japanese sushi or Mexican burritos – or just a simple invitation for a tasty dish of Italian pasta cooked by a gracious hostess in the privacy of her own home, international cuisine permeates the American social fabric, and ethnic dishes are everywhere. Present at every street corner of our cities, marketplace or home, they have become quintessential expressions of our multicultural heritage, borne out of the rich tapestry of our collective experience. One could even say that, of all of the splendid varieties of cultural arts in the United States, the most authentic and popular one may perhaps be its culinary arts and its myriad types of foods and cuisine. Blended together by the chemistry of their ingredients, the taste and smell of these diverse ethnic American dishes – enhanced by their unique spices – triggers all types of emotions, builds an insatiable following, and creates memories of a lifetime. Can you imagine our country without them?

Beyond emotions and memories, however, the dishes in this book represent something deeper: They are a collection of national and well-known culinary creations that have become intrinsically identified with a particular country because of their history. As such, they are a symbol of national pride and cultural identity with the country of origin, pride that is carried on from generation to generation. While we have taken some liberties with the authenticity of a few of the recipes (so as to include ingredients that are a bit healthier and perhaps less spicy than originally intended), and have replaced wherever possible red meat or pork with turkey, chicken or vegetables (e. g. Brazilian Feijoada or Greek Moussaka), the essence of the dishes does not change, and the spices for which they are known remain authentic.

We were also budget-conscious in cooking and testing the meals featured in this book, and by sharing condiments across recipes (e. g. oils, vinegars and spices such as the less costly, but very good Badia brand), no dish exceeds $18.00. The recipes' ample ingredients – which can be found in national food chains, such as Walmart, Publix, and Safeway throughout the country or ordered from them online – also go a long way to providing repeated servings for a family meal.

Famous Dishes/ Platos Famosos is an homage to our country's heritage and the American melting pot.
May it grow and flourish!

And Bon Appétit!

Consejos y trucos de cocina

- Para tener una cocina bien equipada, y poder preparar los platos de este libro, considere tener a mano los siguientes utensilios y aparatos de cocina: pinzas, rallador, triturador eléctrico pequeño, licuadora de alta velocidad, exprimidor de limones manual, rodillo, conjunto de cuencos de acero inoxidable o de vidrio, sartén de acero o hierro fundido para usar sobre el fuego o en el horno, termómetro de carne, batidora de mano (para mezclar sopas y salsas), y un conjunto de cuencos (con cuchillo Ulu) para picar y trocear cualquier alimento, desde huevos duros hasta cebollas.

- Use tijeras de cortar para trocear las hierbas frescas, los tallos de los vegetales y otros alimentos como chalotes, salchichas, o pechugas de pollo. Esta herramienta le facilitará el proceso.

- Ponga en remojo en agua fría las brochetas de bambú durante la noche antes de preparar la carne o los vegetales. El agua ayuda a prevenir que las brochetas se quemen cuando se coloquen en la parrilla del horno.

- Use un cuchillo afilado para cortar los ingredientes. Afile los cuchillos periódicamente con una barra de acero o con un afilador manual o mecánico.

- Una manera práctica de pelar ajo crudo es chafando primero los dientes de ajo con la parte plana de la hoja de un cuchillo (así se separa la piel del ajo), y después retirar la piel para cortarlo.

- Rocíe el aguacate ya pelado con jugo de limón para prevenir que se oscurezca. Para que el guacamole no se oscurezca, añada jugo de limón también. Añadir pedazos de manzanas con jugo de limón también ayuda a evitar el oscurecimiento.

- Cuando use jengibre fresco, pele la piel y, en vez de picarlo finamente, ralle la raíz con un rallador. O use pasta de jengibre concentrado (ej., Gourmet Gardens) en vez de la raíz del jengibre.

- Para evitar que se derrame el agua hirviendo de una olla de pasta, coloque una cuchara de madera sobre los bordes de la olla, así el agua no saldrá fuera de la olla cuando hierva.

- Para evitar que los fideos de pasta se peguen unos a otros, hierva el agua (use una proporción de 4 porciones de agua y 1 de pasta), añada algo de sal y aceite al agua y cocine los fideos hasta que estén "al dente" (suaves, pero firmes). Después escurra el agua y añada la salsa.

- Rocíe con harina o maicena para espesar las salsas.

- Para ablandar los pedazos de pollo o carne, marínelos primero (con o sin especias) en jugo de limón o vinagre por una hora más o menos antes de cocinar. Algunos platos requieren ser marinados durante más tiempo.

- Guise las carnes y los vegetales a temperatura ambiente, en una sartén de hierro fundido (con o sin parrilla).

- Limpie las sartenes de hierro fundido con agua y sal, no con jabón.

- Para evitar que la masa se adhiera al rodillo, rocíe harina en el rodillo, y extienda la masa sobre papel de pergamino o una estera para pasta, para que no se adhiera a la superficie. Después, retire el papel o la estera de la masa y disponga la masa en su bandeja de hornear.

- Para que el puré de papas quede más sabroso, coloque las papas hervidas en una sartén caliente durante unos minutos así suprimirá la humedad. Después amáselas con leche caliente y mantequilla, o mantequilla clarificada (con hierbas y/o especias) y una prensa de papas..

- Para hacer un sabroso plato de arroz, como un risotto italiano, primero tueste el arroz seco en una sartén con aceite, hasta que se dore. Después añada el caldo en cantidades pequeñas para que se absorba el líquido, hasta que el arroz se cocine.

Some Cooking Tips and Tricks

- For the well-equipped kitchen – and the dishes featured in this book – consider stocking the following items among your kitchen utensils and appliances: tongs, a grater, a small electric food chopper, a high-speed blender, a manual lemon squeezer, a rolling pin, a set of stainless steel or glass bowls, a stainless steel or cast-iron frying pan for use both on the stove and in the oven, a meat thermometer, a stick-blender (for blending soups and sauces by hand), and a chopping bowl set (with bowl and Ulu knife) for chopping or mincing a variety of foods, including hardboiled eggs and onions.

- Use cutting shears to cut fresh herbs, vegetable stems, and other foods where helpful (such as scallions, sausage or chicken tenders). They facilitate the process.

- Soak bamboo skewers overnight in cold water before threading meat or vegetables on them. The water helps to prevent the sticks from burning when they are placed under the grill in the oven.

- Use a sharp knife to cut foods. Sharpen knives periodically with a sharpening steel or an electric or manual sharpener.

- A helpful way to peel raw garlic is to first smash the cloves with the flat blade of a knife (which separates the peel from the clove), and then remove the peel to cut the garlic.

- Sprinkle a peeled avocado with lemon juice to keep it from turning brown. To prevent guacamole from turning brown, add some lemon juice to it as well. Sprinkling pieces of apples with lemon juice will also keep them from changing color.

- When using fresh ginger, peel the skin off its root and, instead of mincing it finely, grate the peeled root on a grater. Or use concentrated fresh ginger paste (e.g. *Gourmet Gardens*) instead of the ginger root.

- To keep a pot of pasta from boiling over, place a wooden spoon across the top of the pot, and the water will not boil out of the pot when it first comes to a boil.

- To prevent pasta noodles from sticking, bring your water to a boil (use a 4:1 water/pasta ratio), add some salt and oil to the water, ancook the noodles until they are "al dente" (soft but firm). Then drain the water and add your sauce.

- Use sprinklings of flour or cornstarch to thicken sauces.

- To tenderize pieces of chicken or meat, marinade them first (with or without spices) in lemon juice or vinegar for an hour or so prior to cooking. Some dishes require more time in the marinade than others.

- Sear your meats or veggies at room temperature in a cast-iron pan (with or without ridges).

- Clean a cast-iron pan with water, oil, and salt, not with soap.

- To avoid pastry dough from sticking to a rolling pin, sprinkle some flour on the rolling pin and roll out the dough on parchment paper or a non-stick pastry mat to keep it from sticking to the surface. Then peel the paper or mat off the dough and arrange the dough in your baking dish.

- To make tasty mashed potatoes, place the boiled potatoes for a few minutes first on a warm frying pan to remove any moisture, then mash them with hot milk and butter or ghee (with herbs and/or spices) with a potato masher.

- To make a good rice dish, such as an Italian risotto, toast the dry rice first in an oiled pan until it has a light golden color. Then add salted stock a little at a time as the liquid is absorbed, until the rice is cooked.

Chili americano con pavo

3 cucharadas de aceite de oliva
1 cebolla, cortada
½ taza de ajo, picado
1 pimiento rojo, sin corazón ni
  semillas, cortado en dados
2 pimientos jalapeños, sin corazón
  ni semillas, cortados en dados
1 taza de granos de maíz
2 libras de pavo molido
2 cucharadas de estragón, picado
1 cucharada de pimentón ahumado

1 cucharada de canela molida
4 cucharadas de comino molido
1 cucharada de chile en polvo
2 cucharadas de orégano seco
2 cucharaditas de hojuelas de
  pimiento rojo picante
1 taza de salsa (ej., Pico de Gallo)
2 tazas de caldo de pollo
1 lata (6 oz) de pasta de tomate
1 lata (28 oz) de tomates asados al
  fuego, en dados (ej., Hunt's

1 taza de arándanos agrios secos
3 latas (15 oz cada una) de frijoles
  Tri-Bean (negros/rojos/pintos),
  o 1 lata de cada variedad, o
  una mezcla de frijoles secos
  remojados en agua durante
  dos horas y hervidos durante
  30 minutos
5 hojas de laurel
1 taza de cilantro fresco, picado
Sal y pimienta a gusto

- Cubra una sartén grande con aceite de oliva y saltee la cebolla, el ajo, todos los pimientos y el maíz a fuego medio-bajo durante unos cinco minutos. Añada el pavo, separándolo en pequeñas secciones, y saltéelas hasta que la carne esté ligeramente dorada. Añada el estragón, paprika, canela, chile en polvo, orégano y 2 cucharadas de comino al pavo.
- Transfiera todos los ingredientes a una olla grande y añada la salsa, el caldo de pollo, la pasta de tomate, los arándanos agrios, los tomates y los frijoles. Añada al final las hojas de laurel, el orégano, las hojuelas de pimiento rojo picante y las dos cucharadas de comino en polvo restante.
- Cubra la olla y cocine todos los ingredientes a fuego lento por 30 minutos. Después, destape la olla y cocine por 15 minutos más.
- Retire las hojas de laurel. Añada el cilantro, la sal y la pimienta a gusto.
- Deje que el chile repose por algunas horas para absorber las especias.
- Adorne con queso rallado, aguacate en rodajas, cebolletas y/o crema (agria).

6–8 raciones

Al ser una de las comidas reconfortantes más estimadas, el **chili** *americano disfruta de un prestigio único en los Estados Unidos. Se dice que el "chili con carne" se dió a conocer en Texas a finales del siglo XIX como comida para los vaqueros y la gente con pocos ingresos. Más tarde se establecieron por todo el país comedores económicos donde se servía chili, en los que muchas familias encontraron sustento durante la Gran Depresión de los años 30. Con el incentivo de que se celebre en todo el país el Día del Chili y de que existan muchas competencias culinarias en su honor, el chile se ha convertido en un guiso rico y nutritivo, con ingredientes que van desde ternera, venado, antílope o pavo hasta frijoles, vegetales y frutas.*

Nutrición por ración y % de valores diarios (basado en 8 raciones): 436 calorías / Grasa total: 19,9 g (25 %) / Grasas saturadas: 3,2 g (16 %) / Colesterol: 116 mg (39 %) / Sodio: 1008 mg (44 %) / Carbohidratos totales: 32,3 g (12 %) / Fibra dietética: 9,4 g (33 %) / Azúcares totales: 9,5 g / Proteína: 39,6 g / Calcio: 171 mg / Hierro: 8 mg / Potasio: 1187 mg

As one of the country's most beloved comfort foods, American **chili** enjoys a unique status in the United States. The original "Chili con carne" dish is known to have taken hold in Texas in the late 1800s as a meal for cowboys and the poor. This led to establishing inexpensive chili parlors across the nation, which also sustained families during the Great Depression of the 1930s. With a national holiday to its name (National Chili Day), and numerous food competitions nationwide, it has since evolved into a rich and nutritious stew filled with myriad varieties of ingredients that include turkey, beef, venison, antelope, beans and vegetables, and fruit.

American Chili with Turkey

3 Tbsp. olive oil
1 onion, chopped
½ cup garlic, minced
1 red bell pepper, cored & seeded, diced
2 jalapeño peppers, cored & seeded, diced
1 cup corn kernels
2 lbs. ground turkey
2 Tbsp. fresh tarragon, chopped

1 Tbsp. smoked paprika
1 Tbsp. cinnamon, ground
4 Tbsp. cumin, ground
1 Tbsp. chili powder
2 Tbsp. dried oregano
2 tsp. crushed red pepper flakes
1 cup salsa (e.g. Pico de Gallo)
2 cups chicken broth
1 (6 oz.) can tomato paste
1 cup dried cranberries

1 can (28. oz.) diced fire-roasted tomatoes (e.g. Hunt's)
3 (15 oz.) cans Tri-Bean blend beans (black/ red/ kidney) or 1 can each of black, red, and kidney beans, or a mixture of dried beans, presoaked for 2 hours and boiled for 30 minutes
5 bay leaves
1 cup fresh cilantro, chopped
Salt & pepper to taste

- Coat a large frying pan with olive oil and sauté onion, garlic, all the peppers, and corn over medium-low heat for about 5 minutes. Add the turkey, separating it into small chunks, and sauté until lightly browned. Add the tarragon, paprika, cinnamon, chili powder, oregano, and 2 Tbsp. of cumin to the turkey.
- Transfer all the ingredients to a large pot, and add to it the salsa, chicken broth, tomato paste, cranberries, tomatoes, and beans. Add in the bay leaves, oregano, red pepper flakes, and the remaining 2 Tbsp. of cumin powder.
- Cover the pot and cook all the ingredients over low heat for 30 minutes. Then uncover the pot and cook for another 15 minutes.
- Remove the bay leaves. Add the cilantro, and salt and pepper to taste.
- Let the chili stand for a few hours to absorb the spices.
- Garnish with grated cheese, sliced avocado, scallions, and sour cream.

Serves 6–8

Nutrition per Serving & Daily Value % (based on 8 servings): 436 Calories/ Total Fat: 19.9 g (25%)/ Saturated Fat: 3.2 g (16%)/ Cholesterol: 116 mg (39%)/ Sodium: 1008 mg (44%)/ Total Carbohydrate: 32.3 g (12%)/ Dietary Fiber: 9.4 g (33%)/ Total Sugars: 9.5 g/ Protein: 39.6 g/ Calcium: 171 mg/ Iron: 8 mg/ Potassium: 1187 mg.

Feijoada brasileña con salchicha de pollo

1 paquete (24 oz) de frijoles negros
4 tazas de agua
4 tazas de caldo de pollo
8-10 dientes de ajo, picados
4-6 salchichas de pollo frescas, picantes o no, cortadas en rodajas de 1"
1 paquete (8 oz) de tiras de tocino de pavo ahumadas a la nuez (ej., Applegate Naturals), cortadas en rodajas de 1"

(Opcional: 2 salchichas de pavo, cortadas en rodajas de ½")
¼ de taza de aceite de oliva
1 pimiento rojo, sin corazón ni semillas, cortado
1 cebolla roja, cortada
1 lata (14,5 oz) de tomates asados y cortados en dados (ej., Hunt's)
3 cucharadas de condimento italiano
2 cucharadas de adobo
3 cucharadas de pimentón ahumado

1 cucharada de hojuelas de pimiento rojo picante
2 cucharadas de vinagre de vino rojo
½" de taza de perejil fresco, cortado
(2-3 cucharadas de harina, si fueran necesarias) 2 cebolletas, cortadas
Sal y pimienta a gusto4 tazas de arroz
4 tazas de acelgas o col rizada, sin troncos, cortadas
3 naranjas, rebanadas horizontalmente con un grosor de ¼"

Para la salsa:
- Remoje los frijoles en una olla con agua durante 2-3 horas. Escurra el líquido y substitúyalo por 2 tazas de caldo y 2 tazas de agua. Añada 4 o 5 dientes de ajo y hiérvalo. Póngalo a fuego lento y deje que los frijoles cuezan lentamente durante unos 30 minutos, hasta que se hayan ablandando.
- En una sartén de freír profunda, caliente 1/8 de taza de aceite de oliva y saltee la carne con la cebolla, el pimiento rojo y los 4 o 5 dientes de ajos restantes.
- Añada los tomates, el condimento italiano, el adobo, el pimentón y los hojuelas de pimiento rojos a la carne. Combine todos los ingredientes con los frijoles. Hiérvalo y después baje el fuego y déjelo reposando a fuego lento por 20-30 minutos, hasta que la mayor parte del líquido haya sido absorbido.
- Añada el mezcle vinagre y el perejil. El líquido debe ser marrón oscuro y pastoso. Si fuera necesario, añada algo de harina para espesar el líquido, y déjelo reposar a fuego lento durante unos minutos.
- Añada sal y pimienta al gusto.

Para los condimentos complementarios:
- Cocine 4 tazas de aceite en 2 tazas de caldo de pollo y 2 tazas de agua con un poco de sal (añada agua si fuera necesario).
- Saltee 4 tazas de acelgas o col rizada en aceite de oliva, algo de agua y una pizca de sal hasta que estén blandas.
- Sirva los frijoles y la mezcla de salchichas sobre el arroz.
- Corte las cebolletas en rodajas finas y espárzalas encima de la mezcla.
- Sirva el plato con las acelgas o col rizada y rodajas de naranja.

8–10 raciones

Feijoada, el plato nacional brasileño de origen portugués que data de la época romana, es un guiso de frijoles negros hecho con diferentes tipos de carnes –ej., partes de puerco, ternera embutida, salchicha y lengua– ahumados y cocinados durante horas a fuego lento en una olla de barro. Se sirven con arroz, col rizada, harina de mandioca tostada y rodajas de naranja durante festividades y ocasiones especiales. Esta feijoada con salchicha de pollo y tocino de pavo es una variación de un plato tradicional que todavía se sirve con veneración en los países de habla portuguesa en todo el mundo.

Nutrición por ración y % Valores diarios (basado en 12 raciones): 727 calorías / Grasas total: 13,9 g (18 %) / Grasas saturadas: 3 g (15 %) / Colesterol: 39 mg (13 %) / Sodio: 897 mg (39 %) / Carbohidratos totales: 117,5 g (43 %) / Fibra dietética: 15,2 g (54 %) / Azúcares totales: 10,2 g / Proteína: 34,8 g / Vitamina D: 0 mcg / Calcio: 187 mg / Hierro: 9 mg / Potasio: 1416 mg

Feijoada, the Brazilian national dish of Portuguese origin dating back to Roman times, is a black bean stew made with different kinds of meats (e.g. pork parts, jerked beef, sausage, and tongue), smoked and cooked for hours over low heat in a clay pot. It is offered with rice, collard greens, toasted manioc flour, and slices of orange on holidays and for special occasions. This feijoada with chicken sausage and turkey bacon is a variation on a traditional dish that is still served with reverence in Portuguese speaking countries around the world.

Brazilian Feijoada with Chicken Sausage

1 (24 oz.) package black beans
4 cups water
4 cups chicken broth
8-10 cloves garlic, minced
4-6 mild or spicy fresh chicken sausages, cut into 1" slices
1 (8 oz.) package hickory-smoked turkey bacon strips (e.g. Applegate Naturals), cut into 1" slices
(Optional: 2 turkey sausages, cut into ½" slices)

¼ cup olive oil
1 red bell pepper, cored & seeded, chopped
1 red onion, chopped
1 can (14.5 oz.) diced fire-roasted tomatoes (e.g. Hunt's)
3 Tbsp. Italian seasoning
2 Tbsp. adobo seasoning
3 Tbsp. smoked paprika
1 Tbsp. crushed red pepper flakes

2 Tbsp. red wine vinegar
½ cup fresh parsley, chopped
(2-3 Tbsp. flour, if necessary)
2 scallions, chopped
Salt & pepper to taste
4 cups rice
4 cups collard greens or kale, stems removed, chopped
3 oranges, sliced horizontally ¼" thick

For the Sauce:
- Soak the beans in a large pot of water for 2-3 hours. Drain the liquid and replace it with 2 cups of the chicken broth and 2 cups of the water. Add in 4-5 garlic cloves and bring to a boil. Turn the heat to low and let the beans simmer for about 30 minutes, until they have softened.
- In a large, deep frying pan, heat 1/8 cup olive oil and sauté the meat with the onion, red pepper, and the remaining 4-5 garlic cloves for 5-7 minutes. Add the tomatoes, Italian seasoning, adobo, paprika, and red pepper flakes to the meat, and combine all the ingredients with the beans in the pot. Bring to a boil, then turn the heat to low and let the mixture simmer for another 20-30 minutes, until much of the liquid has been absorbed.
- Stir the vinegar and parsley into the mixture. The liquid should be dark brown and slightly pasty. If necessary, add some flour to thicken the liquid, and let it simmer for a few more minutes.
- Add salt and pepper to taste.

For Additional Condiments:
- Cook 4 cups rice in 2 cups chicken broth and 2 cups water with some salt (adding water if necessary).
- Sauté 4 cups chopped collard greens or kale in olive oil, some water, and a pinch of salt until soft.
- Serve the beans and sausage mixture over the rice.
- Cut the scallions into thin slices and sprinkle them over the mixture.
- Serve the dish with sautéed collard greens or kale, and slices of orange.

Serves 8–10

Nutrition per Serving & Daily Value % (based on 10 servings): 727 Calories/ Total Fat: 13.9 g (18%)/ Saturated Fat: 3 g (15%)/ Cholesterol: 39 mg (13%)/ Sodium: 897 mg (39%)/ Total Carbohydrate: 117.5 g (43%)/ Dietary Fiber: 15.2 g (54%)/ Total Sugars: 10.2 g/ Protein: 34.8 g/ Vitamin D: 0 mcg/ Calcium: 187 mg/ Iron: 9 mg/ Potassium: 1416 mg.

Pastel británico a lo pastor

Para el puré de papas:
2 lbs de papas
3 cucharadas de
mantequilla
1 ½ tazas de leche, tibia
Sal y pimienta

Para el relleno de carne:
1 cucharada de aceite
1 ½ lb de pavo picado
1 cebolla, cortada1 diente de ajo, picado
1 tallo de apio, en rodajas finas
1 taza de zanahorias, en dados
2 cucharaditas de romero fresco,
cortado

1 cucharadita de tomillo fresco, cortado
2 cucharadas de pasta de tomate
1 cucharada de salsa Worcestershire
2 cucharadas de harina
1 taza de agua
1 taza de guisantes
½ taza de granos de maíz
Sal y pimienta

- Precaliente el horno a 475 °.
- Pele las papas y córtelas en pedazos pequeños. En una olla mediana, cubra las papas con agua con sal y hiérvalas a fuego lento por 15-20 minutos, hasta que se ablanden.
- Escurra el agua y haga puré las patatas. Mézclelas con la mantequilla, la leche tibia, la sal y la pimienta, hasta que obtenga un puré uniforme. Deje reposar.
- En una sartén, saltee la carne y la cebolla por cinco minutos. Añada el ajo y cocine durante un minuto más. Añada las zanahorias, las hierbas, la pasta de tomate y la salsa Worcestershire, y deje que la mezcla hierva durante unos minutos más. Mientras revuelve, añada la harina, de modo que cubra todo de manera uniforme. Mezcle con el agua y añada los guisantes y el maíz. Condimente con sal y pimienta. Deje hervir por otros dos minutos.
- Vierta la mezcla en una cazuela con aceite. Primero extienda el relleno de carne por toda la cazuela, después cúbrala con el puré de papas hasta el borde de la cazuela.
- Coloque la cazuela en el horno y hornee por 15-20 minutos, hasta que las papas estén ligeramente doradas.

6–8 raciones

*Este pastel de carne se conoce como **Pastel al pastor** cuando se cocina con cordero picado, y Pastel de cabaña cuando se prepara con carne de res picada. Es un guiso robusto, cubierto con una fina capa de puré de papas. Se cree que tuvo su origen en las Islas británicas nórdicas (Escocia), donde ha sido un plato preferido por campesinos y pastores por igual. Se hornea con vegetales de temporada y cualquier carne, por lo que es uno de los platos más famosos de Gran Bretaña. Hoy en día, el pastel al pastor es apreciado por todos y existen muchas variedades, entre ellas una versión vegetariana o "sin pastor" o, como en este caso, con pavo picado.*

Nutrición por ración y % de valores diarios (basado en 8 raciones): 494 calorías / Grasa total: 22,3 g (29 %) / Grasas saturadas: 6,9 g (35 %) / Colesterol: 136 mg (45 %) / Sodio: 358 mg (16 %) / Carbohidratos totales: 40,6 g (15 %) / Fibra dietética: 6,7 g (24 %) / Azúcares totales: 9,3 g / Proteína: 38,4 g / Vitamina D: 4 mcg / Calcio: 148 mg / Hierro: 4 mg / Potasio: 1222 mg

British Shepherd's Pie

For the Mashed Potatoes:
2 lbs. potatoes
3 Tbsp. butter
1 ½ cups milk, warmed
salt and pepper

For the Meat Filling:
1 Tbsp. oil
1 ½ lbs. ground turkey
1 onion, chopped
1 clove garlic, minced
1 celery stalk, thinly sliced
1 cup carrots, diced
2 tsp. fresh rosemary, chopped

1 tsp. fresh thyme, chopped
2 Tbsp. tomato paste
1 Tbsp. Worcestershire sauce
2 Tbsp. flour
1 cup water
1 cup green peas
½ cup corn kernels
Salt & pepper

- Preheat the oven to 475 °.
- Peel the potatoes and cut them into small chunks. In a medium saucepan, cover the potatoes with salted water. Cover the pot and bring to a boil. Lower the heat, and let the potatoes simmer for about 15-20 minutes, until they are soft.
- Drain the water and mash the potatoes. Stir in the butter, heated milk, and salt and pepper, until you have a smooth puree. Set aside.
- In a deep frying pan, sauté the meat and onion for about five minutes. Add the garlic and sauté for another minute. Add in the carrots, herbs, tomato paste, and Worcestershire Sauce, and let the mixture simmer for a few minutes more. Stir in the flour, coating everything evenly. Mix in the water, then the peas and corn. Season with salt and pepper. Let it all simmer for another two minutes.
- Pour the mixture into an oiled casserole dish. Spread the meat filling first across the dish, then top it with the mashed potatoes, carefully covering the entire mixture to the edge of the casserole.
- Place the dish in the oven and bake for about 15-20 minutes, until the potatoes are lightly browned.

Serves 6–8

Known as **Shepherd's Pie** when made with ground lamb, and Cottage Pie when made with ground beef, this hearty dish, covered with a light crust of mashed potatoes, is thought to have originated in the Northern British Isles (Scotland), and been a long-standing comfort food for peasants and shepherds alike. Baked with vegetables and often leftovers, it is one of Britain's most famous dishes. Today, Shepherd's Pie is appreciated by all and offered with many varieties, including as a vegetarian or "shepherdless" meal, or as in this case, with ground turkey.

Nutrition per Serving & Daily Value % based on 8 servings): 494 Calories/ Total Fat: 22.3 g (29%)/ Saturated Fat: 6.9 g (35%)/ Cholesterol: 136 mg (45%)/ Sodium: 358 mg (16%)/ Total Carbohydrate: 40.6 g (15%)/ Dietary Fiber: 6.7 g (24%)/ Total Sugars: 9.3 g/ Protein: 8.4 g/ Vitamin D: 4 mcg/ Calcium: 148 mg/ Iron: 4 mg/ Potassium: 1222 mg.

Kung Pao chino

1½ lb muslos o pechugas de pollo, cortados en pedazos ¾"
(Opción: 1½ lb de camarón o pescado –bagre, tilapia o mero– cortado en pedazos de ¾")
2 cucharadas de salsa de soja baja en sodio
1 cucharada de vinagre de arroz
2 cucharadas de maizena

1 clara de huevo
¼ taza de aceite de maní
1 pimiento rojo, sin corazón ni semillas, cortado en pedazos ¾"
1 cucharadita de hojuelas de pimiento rojo picante, triturados
4 chalotes, cortados en pedazos de ½"
1 cucharadita de pimienta de Sichuan, molida (Walmart/ Whole Foods) o pimienta regular, molida gruesa

3 dientes de ajo, en rodajas
3 cucharadas de jengibre, fresco o embotellado, en rodajas o en pasta de jengibre
2 cucharadas de aceite de sésamo
1 taza de caldo vegetal
2 cucharadas de azúcar moreno
½ taza de maní (enteros), sin sal
1 taza de cebollino fresco, en rodajas

Para la salsa:

- En un cuenco, combine 1 cucharada de salsa de soja, vinagre de arroz, la clara del huevo y la maicena. Añada el pollo, cubriendo bien cada uno de los pedazos. Cubra el cuenco y colóquelo en el refrigerador por 30 minutos.
- Retire el cuenco del refrigerador.
- Recubra una sartén o un wok con aceite de maní y caliéntelo a fuego medio-alto. Añada el pollo a la sartén y saltéelo (o sofríalo) por unos pocos minutos, hasta que esté dorado en el exterior, pero todavía no esté totalmente cocido en el interior. Retire el pollo de la sartén y déjelo reposar.
- En la misma sartén o wok, caliente un poco más de aceite a fuego bajo-medio. Añada las hojuelas de pimiento rojo, la pimienta de Sichuan, los chalotes, el ajo, el pimiento rojo y el jengibre, y saltee por 2-3 minutos.
- Devuelva el pollo a la sartén y añada el aceite de sésamo, la salsa de soja restante, el caldo vegetal y el azúcar moreno. Ajuste el fuego a alto y saltee (o sofría) todos los ingredientes, combinándolos hasta que el caldo se reduzca. Antes de que el caldo desaparezca, añada el maní y la mitad del cebollino y saltee por unos pocos minutos más.
- Sírvalo sobre arroz blanco o integral. Adorne con el cebollino restante.

4–6 raciones

El **Kung Pao,** un plato predilecto en China y en los Estados Unidos, provine de la provincia de Sichuan, famosa por su cocina picante. Derivado de la palabra "Gongbao", o "Guardián del palacio", fue nombrado así luego de que un oficial chino lo descubriera a principios del siglo XIX. Inicialmente conocido como un plato con pollo, maní y granos de pimienta muy picante (Sichuan), fue prohibido durante la Revolución Cultural de Mao. Resucitó gradualmente en los años 1980, cuando empezó a prepararse con pato, puerco, pescado y/o tofu, junto con vegetales. Esta receta puede hacerse también con pollo o mariscos.

Nutrición por ración y % de valores diarios (basado en 6 raciones), incluyendo el arroz: 584 calorías (587-612 calorías con pescado) / Grasa total: 28,4 g (36 %) / Grasas saturadas: 4,8 g (24 %) / Colesterol: 91 mg (30 %) / Sodio: 590 mg (26 %) / Carbohidratos totales: 59,6 g (22 %) / Fibra dietética: 4,1 g (14 %) / Azúcares totales: 4,3 g / Proteína: 25 g / Vitamina D: 3 mcp / Calcio: 70 mg / Hierro: 3 mg/ Potasio: 359 mg.

Kung Pao, a favored dish in China and the United States, comes from the province of Sichuan, famous for its spicy cuisine. Based on the word "Gongbao" or "Palace Guardian," it was named after a Chinese official at the imperial court discovered it in the early 19th century. Known at first as a dish of chicken, peanuts, and tingly hot (Sichuan) peppercorns, it was banned during Mao's Cultural Revolution. Kung Pao was gradually resurrected in the 1980s, when it began to feature duck, pork, seafood, and/or tofu, along with vegetables. This recipe can be adapted to either poultry or seafood.

Chinese Kung Pao

1½ lb. boneless chicken thighs or breasts, cut into ¾" pieces (Option: 1½ lb. shrimp or fish –catfish, tilapia or grouper–cut into ¾" pieces)
2 Tbsp. low sodium soy sauce
1 Tbsp. rice vinegar
2 Tbsp. cornstarch

1 egg white
¼ cup peanut oil
1 red bell pepper, cored & seeded, cut into ¾" pieces
1 tsp. red pepper flakes, crushed
4 scallions, cut into ½" pieces
1 tsp. Sichuan pepper, ground (Walmart/ Whole Foods) or regular pepper, coarse ground

3 garlic cloves, sliced
3 Tbsp. ginger, fresh or in a jar, sliced or ginger paste
2 Tbsp. sesame oil
1 cup vegetable stock
2 Tbsp. brown sugar
½ cup (whole) peanuts, unsalted
1 cup fresh chives, chopped

For the Marinade:
- In a bowl, stir together 1 Tbsp. of the soy sauce, rice vinegar, egg white and cornstarch. Add the chicken, coating each piece well. Cover the bowl, and place it in the refrigerator for 30 minutes.
- Remove the bowl from the refrigerator.
- Coat a frying pan or wok with some oil and heat it over medium-high heat. Add the chicken to the pan and sauté (or stir-fry) for a few minutes until it is browned on the outside, but not cooked though. Remove the chicken from the pan and set aside.
- In the same pan or wok, heat some more oil over low-medium heat. Add the red pepper flakes, Sichuan pepper, scallions, garlic, bell pepper, and ginger, and sauté together for 2-3 minutes.
- Return the chicken to the pan, and add the sesame oil, remaining soy sauce, vegetable stock, and brown sugar. Turn up the heat to high and sauté (or stir-fry) all ingredients together until the stock is reduced. Before the stock disappears, add the peanuts and half of the chives, and sauté for a few more minutes.
- Serve over white or brown rice. Garnish with the remaining chives.

Serves 4–6

Nutrition per Serving & Daily Value % (based on 6 servings), including rice: 584 Calories (587-612 calories with fish)/ Total Fat: 28.4 g (36%)/ Saturated Fat: 4.8 g (24%)/ Cholesterol: 91 mg (30%)/ Sodium: 590 mg (26%)/ Total Carbohydrate: 59.6 g (22%)/ Dietary Fiber: 4.1 g (14%)/ Total Sugars: 4.3 g/ Protein: 25 g/ Vitamin D: 3 mcp/ Calcium: 70 mg/ Iron: 3 mg / Potassium: 359 mg.

Sancocho colombiano

¼ de taza de aceite de oliva
1 taza de cebolla amarilla, cortada
8 dientes de ajo, en rodajas
10-12 pedazos de pollo (2 pechugas de pollo sin piel ni huesos, cortadas en 3 rodajas, y 6 muslos)
3-4 cucharadas de comino en polvo
1 pimiento rojo, sin corazón ni semillas, cortado en pedazos de 1"

1 pimiento verde, sin corazón ni semillas, cortado en pedazos de 1"
3 zanahorias, peladas y cortadas en pedazos de 1"
8 tazas de caldo de pollo
4-6 yucas congeladas, cortadas en pedazos de 1" (ej., Chiquita)
1 plátano verde, cortado en pedazos de 1"
3 papas blancas medianas, peladas y cortas en cuatro pedazos cada una

1 plátano maduro, cortado en pedazos de 2", ó 1 paquete (11 oz) de plátanos maduros congelados (ej., Goya)
3 mazorcas medianas de maíz, cortadas en 3 pedazos cada una
2 tazas de cilantro fresco, cortado
1 cucharadita de hojuelas de pimiento rojo picante
Sal y pimienta a gusto

- Cubra una sartén grande con aceite de oliva. Añada las cebollas y el ajo y cocine por 1 o 2 minutos a fuego medio-alto.
- Condimente el pollo con sal, pimienta y 2 cucharadas de comino. Añádalo a la sartén y saltéelo hasta que el exterior esté dorado. Transfiera los ingredientes a una olla grande y déjelos reposar.
- Añada aceite a la sartén y saltee los pimientos y las zanahorias a fuego de medio a alto durante 3-5 minutos. Añada 4 tazas de caldo de pollo a la sartén y rocíe los vegetales con comino y sal. Cocine los pimientos y las zanahorias por unos 15-20 minutos, hasta que el caldo se vaya reduciendo. Añada la yuca y el plátano verde a la sartén y cocine a fuego lento por 10 minutos más. Añada las papas, el plátano maduro y el maíz a la sartén. Rocíelos con comino y cocine a fuego lento durante otros 15 minutos.
- Transfiera todos los ingredientes (yuca, plátanos, papas y maíz) a la olla grande con el pollo.
- En la olla, añada el caldo de pollo restante, el cilantro y las hojuelas de pimiento rojo picante y, cuando comience a hervir, baje el fuego a medio-bajo, cubra la olla y cocine por 30 minutos. Retire la tapa de la olla y cocine a fuego lento por otros 20-30 minutos, hasta que el caldo se haya reducido. El pollo debe estar tierno, y los vegetales, blandos pero firmes. Añada sal y pimienta a gusto.

8–12 raciones

__Sancocho__, el plato nacional de Colombia, se sirve tradicionalmente como un abundante cocido. Se consume en toda Latinoamérica y en el Caribe, y se originó en España, en las Islas Canarias, cerca de las costas de Marruecos. El Sancocho varía en cada país y puede cocinarse con puerco, pollo, pescado o mariscos. La receta tradicional colombiana lleva pollo mezclado con numerosos ingredientes saludables como yuca, plátano, maíz, papas y muchos otros vegetales.

Nutrición por ración y % de valores diarios (basado en 12 raciones): 302 calorías / Grasa total: 7 g (9 %) / Grasas saturadas: 1,1 g (5 %) / Colesterol: 12 mg (4 %) / Sodio: 556 mg (24 %) / Carbohidratos totales 49,6 g (18 %) / Fibra dietética: 6,8 g (24 %) / Azúcares totales: 14,7 g / Proteína 12,5 g / Calcio: 43 mg / Hierro: 4 mg / Potasio: 1159 mg

Colombian Sancocho

¼ cup olive oil
1 cup yellow onion, chopped
8 cloves garlic, sliced
10-12 pieces chicken (2 skinless boned breasts cut into 3 slices and 6 thighs)
3-4 Tbsp. cumin, ground
1 red bell pepper, cored & seeded, cut into 1" pieces

1 green pepper, cored & seeded, cut into 1" pieces
3 carrots, peeled and cut into 1" pieces
8 cups chicken broth
4-6 frozen yuccas, cut into 1" pieces (e.g. Chiquita)
1 green plantain, cut into 1" pieces
3 medium white potatoes, peeled and cut into 4 pieces each

1 ripe plantain, cut into 2" pieces, or 1 (11 oz.) package frozen ripe plantains (e.g. Goya)
3 medium ears of corn, cut into 3 pieces each
2 cups fresh cilantro, chopped
1 tsp. crushed red pepper flakes
Salt & pepper to taste

- Coat a large, deep frying pan with olive oil. Add the onions and garlic and cook for 1-2 minutes over medium-high heat.
- Season the chicken with salt, pepper, and 2 Tbsp. of cumin. Add it to the pan, and sauté until golden brown on the outside. Transfer the ingredients to a large pot and set aside.
- Add oil to the frying pan and sauté the peppers and carrots over medium-low heat for 3-5 minutes. Add 4 cups chicken broth to the pan, and sprinkle the vegetables with cumin and salt. Cook the peppers and carrots for about 15-20 minutes, until the broth is somewhat reduced. Add the yucca and green plantain to the pan, and simmer the ingredients together for 10 more minutes. Add the potatoes, ripe plantain, and corn to the pan. Sprinkle them with cumin and simmer for another 15 minutes.
- Transfer all ingredients (yucca, plantains, potatoes & corn) to the large pot with the chicken.
- In the pot, add the remaining chicken broth, cilantro, and red pepper flakes, and bring everything to a boil. Then lower the heat to medium-low, cover the pot, and simmer for 30 minutes. Uncover the pot and simmer ingredients for another 20-30 minutes, until the broth is reduced further. The chicken should be tender, and the vegetables, soft but firm. Add salt and pepper to taste.

Serves 8–12

Sancocho is the national dish of Colombia, traditionally served as a hearty stew. Available throughout Latin America and the Caribbean, it originated in the Spanish Canary Islands off the coast of Morocco. Sancocho varies with each country and can be cooked with pork, chicken, fish or seafood. The traditional Colombian recipe is made with chicken and a myriad of healthy ingredients, including yucca, plantain, corn, potatoes, and a variety of other vegetables.

Nutrition per Serving & Daily Value % (based on 12 servings): 302 Calories/ Total Fat: 7 g (9%)/ Saturated Fat: 1.1 g (5%)/ Cholesterol: 12 mg (4%)/ Sodium: 556 mg (24%)/ Total Carbohydrate 49.6 g (18%)/ Dietary Fiber: 6.8 g (24%)/ Total Sugars: 14.7 g/ Protein 12.5 g/ Calcium: 43 mg/ Iron: 4 mg/ Potassium: 1159 mg.

Quiche francesa con salmón

1 base congelada de masa de tarta
  o 1 tarta fresca (ver a la derecha)
3 cucharadas de aceite de oliva
¼ taza de cebolla roja, en trozos
3 dientes de ajo, picados
1 ½ taza de puerros (las partes
  blancas y verde claro), lavados y
  cortados en rodajas de ¼"
¾ lb filetes de salmón, sin piel y
  cortados en pedazos de ¾"

3 huevos
1 ½ taza de mezcla de
  4 quesos, rallados
¾ taza de crema de leche
½ taza de hojas pequeñas de
  espinaca fresca
¼ taza de albahaca fresca, triturada
1 cucharadita de pimentón
1 pizca de cayena o pimienta picante
Sal y pimienta a gusto

**Para hacer la masa
del pastel:**
1 ½ tazas de harina
½ cucharadita de sal
¼ taza de mantequilla
¼ taza de aceite de canola
3-5 cucharaditas de
  agua congelada

- Descongele la base de tarta a temperatura ambiente. Perfore la masa de tarta con un tenedor (para hacer agujeros chiquitos por la superficie). Precaliente el horno a 275° y coloque la base en el horno durante 20 minutos hasta que la masa esté firme. Retírela del horno y deje reposar.
- En una sartén, caliente el aceite y saltee ligeramente la cebolla, el ajo y, después, los puerros y el salmón. Déjelos reposar.
- En un cuenco separado, mezcle los huevos, el queso rallado, la albahaca y la espinaca. Añada la mezcla de salmón. Condimente con pimentón, cayena, sal y pimienta. Mezcle bien todos los ingredientes con un tenedor.
- Rellene la masa de tarta con la mezcla, distribuyendo los pedazos de salmón y demás ingredientes por igual. Aumente la temperatura del horno a 450° y hornee durante 20 minutos, hasta que el borde de la base esté ligeramente dorado y la parte superior firme. Disminuya la temperatura del horno a 375° y hornee durante otros 25-30 minutos hasta que el relleno haya subido y la parte superior esté marrón dorado.
- Retire del horno y deje enfriar antes de servir.

Para la masa fresca del pastel:
- Mezcle la sal con la harina. Corte la mantequilla en pedazos pequeños y combínalos con la harina hasta que la masa se desmigaja. Agregue el aceite a la masa y rocíela con agua fría, una cucharadita a la vez, para formar una bola lisa. Aplane la masa, envuélvala con un plástico, y colóquela en el refrigerador por 15 minutos.
- Saque la masa y póngala sobre una superficie rociada de un poco de harina. Extienda la bola con un rodillo de amasar hasta 1/8 pulgada de grosor. Presiónela de forma uniforme en el fondo y hacia los lados de una bandeja de hornear de 9". Dele la forma deseada a la masa hacia los bordes. Para hacer el quiche, siga las mismas indicaciones que en la parte superior.

6–8 raciones

*Reconocida como complemento esencial de la cocina francesa, la clásica tarta **quiche** tiene en realidad origen alemán medieval. Se remonta a la época en que la zona francesa de la Alsacia-Lorena se hallaba bajo dominio alemán. Es una tarta abierta que inicialmente se horneaba con huevos, leche y crema. El queso, las cebollas, y los trozos de tocino le fueron añadidos más tarde, lo que la convirtió en Quiche Lorena, nombre con el que ha llegado a nuestros días. Su base ha cambiado con el tiempo, y el relleno se hace hoy en día con muchas cosas (ej., brócoli, hongos, jamón y mariscos). Este plato fundamental se sirve frío o caliente, a cualquier hora del día.*

Nutrición por ración y % de valores diarios (basado en 8 raciones): 522 calorías / Grasa total: 36,2 g (46 %)/ Grasas saturadas: 11,2 g (56 %) / Colesterol: 119 mg (40 %) / Sodio: 632 mg (27 %) / Carbohidratos totales: 30,2 g (11 %) / Fibra dietética: 1,4 g (5 %) / Azúcares totales: 1,8 g / Proteína: 20,6 g / Vitamina D: 10 mcg / Calcio: 253 mg / Hierro: 3 mg / Potasio: 18 mg

*A fixture of French cuisine, the classic **quiche** tart is actually of German medieval origin from the Alsace-Lorraine region of France when this territory was still under German rule. As an open pie, it was initially baked with eggs, milk, and cream. Cheese, onions, and pieces of bacon were added on in later years, and it became known as Quiche Lorraine – a name that has survived to this day. With a crust that has changed over time, and fillings that now feature many varieties (ex. broccoli, mushrooms, ham, and seafood), this quintessential dish is served hot or cold at all hours of the day.*

French Quiche with Salmon

1 frozen deep-dish pie crust
   or 1 fresh pie crust (at right)
3 Tbsp. olive oil
¼ cup red onion, diced
3 garlic cloves, minced
1 ½ cups leeks, white and light
   green parts only, rinsed &
   sliced ¼" thick

¾ lb. salmon fillet, skinned and
   cut into ¾" pieces
3 eggs
1 ½ cup grated 4-cheese blend
¾ cup half & half cream
½ cup fresh baby spinach
¼ cup fresh basil, shredded
1 tsp. sweet paprika
1 dash cayenne or hot pepper

Salt & pepper to taste

For the Fresh Pie Crust:
1 ½ cups flour
½ tsp. salt
¼ cup butter
¼ cup canola oil
3-5 tsp. ice water

- Defrost a deep-dish piecrust at room temperature. Pierce the piecrust dough with a fork (so as to leave tiny holes throughout). Preheat the oven to 275° and place the piecrust in the oven for 20 minutes until the dough is firm. Remove from the oven and set aside.
- In a deep frying pan, heat the oil and lightly sauté the onion and garlic, then the leeks and salmon. Set aside.
- In a separate bowl, mix the eggs, grated cheese, cream, basil and fresh spinach. Add the salmon mixture. Season with paprika, cayenne, salt, and pepper. Blend all ingredients together with a fork.
- Fill the piecrust with the mixture, spreading the salmon pieces and other ingredients evenly in the pie. Increase the oven temperature to 425° and bake for about 20 minutes until the rim of the crust is light brown and the top of the filling is firm. Decrease the oven temperature to 375° and bake for another 25-30 minutes until the filling has risen and the top is golden brown.
- Remove from the oven and let cool before slicing.

For the Fresh Pie Crust:
- Mix the salt with the flour. Cut the butter into small pieces, and combine them with the flour until it becomes crumbly.
- Add the oil to the dough and sprinkle it with cold water one teaspoon at a time to form a smooth ball. Flatten the dough ball, wrap it with plastic, and place it in the refrigerator for 15 minutes.
- Remove the dough and place it on a surface lightly sprinkled with flour. Spread the dough out with a rolling pin until it is 1/8" thick. Place it into the pie pan, pressing firmly into the bottom and sides of the pan. Shape the dough as desired around the rim of the pan. To make the quiche, follow the same directions as above.

Serves 6–8

Nutrition per Serving & Daily Value % (based on 8 servings): 522 Calories/ Total Fat: 36.2 g (46%)/ Saturated Fat: 11.2 g (56%)/ Cholesterol: 119 mg (40%)/ Sodium: 632 mg (27%)/ Total Carbohydrate: 30.2 g (3%)/ Dietary Fiber: 1.4 g 5%)/ Total Sugars: 1.8 g/ Protein: 20.6 g/ Vitamin D: 10 mcg/ Calcium: 253 mg/ Iron: 3 mg/ Potassium: 318 mg.

Ratatouille francés

1 berenjena grande, cortada en rodajas de 1"
½ taza de aceite de oliva
1 cebolla roja, cortada
10 dientes de ajo, picados
2 tomates manzanos grandes, cortados en dados de 1"
2 zapallitos medianos, en rodajas

2 calabazas amarillas medianas, en rodajas
2 tazas de hongos, en rodajas
3 pimientos (rojo, verde y amarillo), sin corazón ni semillas, cortados en trozos
½ tarro (24 oz) de salsa marinara
1 lata (6 oz) de pasta de tomate

5 hojas de laurel
1½ taza de albahaca fresca, cortada en lacitos
2 cucharaditas de romero seco
2 cucharaditas de tomillo seco
1½ taza de caldo de pollo o verduras
Sal y pimienta

- Coloque las rodajas de berenjena en toallas de papel (sobre una bandeja para hornear galletas o similar), y rocíelas con sal parahacerlas "sudar" durante una hora.
- Caliente un poco de aceite de oliva en una sartén a fuego medio. Golpee suavemente las rodajas de berenjena para secarlas, y colóquelas en el horno, asándolas por 15 minutos a 425°. Saque las rodajas del horno y saltéelas en la sartén, hasta que estén blandas y doradas. Transfiera las berenjenas a una olla grande.
- En la misma sartén, saltee a fuego medio-bajo las cebollas, el ajo y los tomates, hasta que estén ligeramente blandos, y transfiéralos a la olla. Saltee, añadiendo aceite a medida que lo vaya necesitando, el zapallito, la calabaza, los hongos y los pimientos, y transfiera estos vegetales también a la olla.
- Añada la salsa y pasta de tomate a los ingredientes, agregue las hojas de laurel, la albahaca, el romero, el tomillo, el caldo de pollo, la sal y la pimienta. Mezcle la salsa y las especias con los vegetales.
- Remueva todos los ingredientes, cubra y cocine a fuego lento por 30-45 minutos, hasta que estén blandos, pero firmes.
- Sirva con pan de ajo caliente.

6–8 raciones

Por ser un nutritivo guiso de vegetal es, con berenjena, tomates, pimientos, zapallitos y mucho ajo, el **ratatouille** *es uno de los platos franceses más famosos. Se sirve fría o caliente, y la ciudad de Niza, en el sudeste de Provenza, la reclama como uno de los hitos de su célebre gastronomía. De un ordinario plato campesino del siglo XVIII, evolucionó hasta convertirse en una deliciosa receta internacional*

Nutrición por ración y % de valores diarios (basado en 8 raciones): 211 calorías / Grasa total: 13,5 g (17 %) / Grasas saturadas: 2 g (10 %) / Colesterol: 0 mg (0 %) / Sodio: 731 mg (32 %) / Carbohidratos totales: 22,4 g (8 %) / Fibra dietética: 7,3 g (26 %) / Azúcares totales: 3,3 g / Proteína: 5,7 g / Vitamina D: 63 mcg / Calcio: 73 mg / Hierro: 3 mg / Potasio: 1208 mg

*As a nutritious vegetable stew of eggplant, tomatoes, bell peppers, zucchini, and lots of garlic, **ratatouille** is one of France's most famous dishes. Served hot or cold, it is claimed by the coastal city of Nice in the southeastern region of Provence as one of the highlights of its renowned cuisine. It evolved from an ordinary regional peasant dish of the 18th century into a delicious international recipe.*

French Ratatouille

1 large eggplant, cut into 1" slices
½ cup olive oil
1 red onion, chopped
10 cloves garlic, minced
2 large beefsteak tomatoes, cut into 1" cubes
2 medium zucchinis, sliced

2 medium yellow squash, sliced
2 cups mushrooms, sliced
3 bell peppers (red, green & yellow), cored & seeded, cut into 1" pieces
½ (24 oz.) jar marinara sauce
1 (6 oz.) can tomato paste
5 bay leaves

1½ cups fresh basil, cut into ribbons
2 tsp. dried rosemary
2 tsp. dried thyme
1½ cups chicken or vegetable stock
Salt & pepper

- Place eggplant slices on paper towels (over cookie sheet or similar), and sprinkle slices with salt to make them "sweat" for one hour.
- Heat some olive oil in a frying pan over medium heat. Pat the eggplant slices dry and place them in the oven to roast for 15 minutes at 425°. Remove the slices from the oven and sauté them in the pan until soft and golden brown. Transfer the eggplants to a large pot.
- In the same pan, sauté the onions, garlic, and tomatoes until slightly soft over medium-low heat, and transfer them to the pot. Adding oil as needed to the pan, sauté the zucchini, yellow squash, mushrooms, and peppers, and transfer these vegetables also to the pot.
- Add the tomato sauce and paste to the ingredients, and stir in the bay leaves, basil, rosemary, thyme, the stock, and salt and pepper. Mix sauce and spices evenly with the vegetables.
- Stirring all ingredients, cover, and cook on low heat for 30-45 minutes until soft but still firm.

- Serve with warm garlic bread.

Serves 6–8

Nutrition per Serving & Daily Value % (based on 8 servings): 211 Calories/ Total Fat: 13.5 g (17%)/ Saturated Fat: 2 g (10%)/ Cholesterol: 0 mg (0%)/ Sodium: 731 mg (32%)/ Total Carbohydrate: 22.4 g (8%)/ Dietary Fiber: 7.3 g (26%)/ Total Sugars: 13.3 g/ Protein: 5.7 g/ Vitamin D: 63 mcg/ Calcium: 73 mg/ Iron: 3 mg/ Potassium: 1208 mg.

Ensalada nizarda francesa

Para el aderezo de vinagreta:
⅓ de taza de vinagre
1 cucharada de mostaza
⅔ de taza de aceite de oliva
Sal y pimienta al gusto
Eneldo fresco para adornar

Para la ensalada:
4 huevos
1 lb de frijoles verdes
1 lb papas
1 cebolla pequeña, ó 2 chalotes, cortados
4 tomates, en rodajas

1 cabeza de lechuga, con las hojas lavadas y picadas en pedacitos
1-2 latas (de 6 oz.) de atún (en aceite de oliva o agua), escurridas
½ taza de olivas de Niza, o negras
1 lata de filetes de anchoas, escurridos
1 cucharada de albahaca fresca, cortada

- En una taza, combine el vinagre, la mostaza, la sal y la pimienta. Después, incorpore lentamente el aceite, con un chorro continúo, mientras remueve. Deje reposar.
- Hierva los huevos por unos 10 minutos y déjelos enfriar en un cuenco de agua congelada.
- Hierva las papas por unos 15 minutos, hasta que se puedan perforar con un tenedor con facilidad. Escúrralas y déjelas reposar. Cuando estén frías, pélelas y córtelas en rodajas. Mezcle y remueva con un 1/3 de taza de la vinagreta y la cebolla o chalotes cortados.
- Hierva las judías verdes por unos 2 minutos, déjelas enfriar en agua congelada y escúrralas. En un cuenco aparte, mezcle las judías con 2 cucharadas de la vinagreta.
- En otro cuenco, marine los tomates en dos cucharadas de la vinagreta.
- Use un cuenco grande para extender las hojas de lechuga y disponer las papas, las judías y los tomates en la parte superior. Añada el atún, las anchoas, las olivas y la albahaca encima de los tomates. Pele y corte los huevos por la mitad y añádalos a la ensalada.
- Rocíe con la vinagreta restante y condimente con sal y pimienta.

4–6 raciones

Hecha por primera vez a finales del siglo XIX en Niza, Francia, la **ensalada nizarda** es uno de los platos más polémicos en el mundo culinario. Se tenía originalmente por un aperitivo de tomates, anchoas y aceite de oliva para los pobres, pero con el tiempo se convirtió en un sofisticado primer plato que –dependiendo de la opinión de los chefs y del gusto personal– hoy en día incluye atún en lata o fresco, huevos duros, judías y papas hervidas, olivas negras, lechuga, chalotes, pimiento rojo, corazones de alcachofa e, incluso, alubias blancas. Aderezada con una vinagreta con una base de mostaza y hierbas aromáticas, es un plato sabroso, contundente y nutritivo.

Nutrición por ración y % de valores diarios (basado en 6 raciones): 404 calorías / Grasas totales: 28,4 g (36%) / Grasas saturadas: 4,6 g (23%) / Colesterol: 123 mg (41%) / Sodio: 443 mg (19%) / Carbohidratos totales: 24,9 g (9%) / Fibra dietética: 6,6 g (24%) / Azúcares totales: 5,5 g / Proteína: 16,2 g / Vitamina D: 10 mcg / Calcio: 104 mg / Hierro: 5 mg / Potasio: 914 mg

French Salade Niçoise

For the Vinaigrette Dressing:
⅓ cup vinegar
1 Tbsp. mustard
⅔ cup olive oil
Salt and pepper to taste
Fresh dill to garnish

For the Salad:
4 eggs
1 lb. green beans
1 lb. potatoes
1 small onion or 2 shallots, chopped
4 tomatoes, sliced

1 head of lettuce, leaves washed and torn into small pieces.
1-2 (6 oz.) cans of tuna in oil (or water), drained
½ cup Niçoise or black olives
1 can anchovy fillets, drained
1 Tbsp. fresh basil, chopped

- In a cup mix the vinegar, mustard, salt and pepper, then whisk in the oil in a slow steady stream. Set aside.
- Boil the eggs for about 10 minutes, and cool them in a bowl of ice water.
- Boil the potatoes for about 15 minutes, until they are easily pierced with a fork. Drain and set aside. Once they have cooled, peel and slice the potatoes, and toss them together with 1/3 cup of the vinaigrette and chopped onion or shallots.
- Boil the green beans for about 2 minutes, cool them in ice water, and drain them. In a separate bowl, toss the beans with 2 Tbsp. of the vinaigrette.
- In another bowl, marinate the tomatoes with 2 Tbsp. of the vinaigrette.
- In a large bowl, spread out the lettuce leaves, and arrange the potatoes, beans, and tomatoes on top. Add the tuna, anchovies, olives, and basil over the tomatoes. Peel and cut the eggs in half and add them to the salad.
- Sprinkle the salad with the remaining vinaigrette and dill. Season with salt and pepper.

Serves 4–6

Salade Niçoise, *a salad first created late in the 19th century in Nice, France, is one of the more debated dishes of the culinary world. It was originally considered an appetizer of tomatoes, anchovies, and olive oil for the poor, and grew over time into a sophisticated entrée that — depending on the opinion of chefs and/or personal choice — now also includes canned or fresh tuna, hardboiled eggs, boiled green beans and potatoes, black olives, lettuce, shallots, red peppers, artichoke hearts, and even fava beans. Tossed with a mustard-vinaigrette dressing and aromatic herbs, it is tasty, filling, and nutritious.*

Nutrition per Serving & Daily Value % (based on 6 servings): 404 Calories/ Total Fat: 28.4 g (36%)/ Saturated Fat: 4.6 g (23%)/ Cholesterol: 123 mg (41%)/ Sodium: 443 mg (19%)/ Total Carbohydrate: 24.9 g (9%)/ Dietary Fiber: 6.6 g (24%)/ Total Sugars: 5.5 g/ Protein: 16.2 g/ Vitamin D: 10 mcg/ Calcium: 104 mg/ Iron: 5 mg/ Potassium: 14 mg.

Sauerbraten alemán con albóndigas de papa

Para el encurtido:	**Para la receta:**	**Para los albóndigas de papas:**
1 cebolla, cortada	2 cucharadas de aceite	12 papas medianas, peladas
1 taza de vinagre	2 libras de res para asar	1 huevo
1 taza de agua	2 cucharadas de harina	1 cucharadita de maicena
1 hoja de laurel		2 cucharada de perejil, cortado
3-4 semillas de clavo	Repollo rojo cocido	Sal y pimienta
Sal y pimienta	(opcional)	Picatostes (opcional)

- Ponga la carne para asar en un cuenco y condiméntela con sal y pimienta.
- Mezcle el vinagre con agua, cebolla, la hoja de laurel, clavo, sal y pimienta, para hacer un escabeche, y viértalo sobre la carne.
- Cubra la carne y refrigérela por 2 o 3 días, volteándola cada día.
- Retire la carne del escabeche y presiónela ligeramente para secarla.
- En una sartén profunda, caliente el aceite y saltee la carne, hasta que el puré se dore por todas partes.
- Vierta el escabeche sobre la carne, cubra y cocine a fuego lento por alrededor de 2 horas, hasta que esté tierna.
- Espese la salsa con la harina y viértala sobre las papas o albóndigas.

Para los albóndigas de papas:

- Con un rallador grueso o un procesador de comida, ralle las papas hasta conseguir un puré muy fino.
- Ponga el puré en una toalla de cocina limpia y exprima el líquido, hasta que el puré se seque.
- Mezcle con el huevo, la maicena, el perejil, la sal y la pimienta, y dele forma de bolas de unos 2". Si lo desea, ponga algunos picatostes en el centro de las bolas, y ciérrelas.
- Deje caer las albóndigas de papa en agua hirviendo y cuézalas por 20-30 minutos, hasta que floten y estén listas para servir.

- Sirva con repollo rojo cocido.

4–6 raciones

El **Sauerbraten** –que significa "asado agrio"– es reconocido como uno de los platos nacionales alemanes. Es, esencialmente, un guiso de res o venado asado (a veces, cordero, puerco o caballo), que ha sido marinado durante días en vinagre, agua y especias picantes. Sus orígenes datan de la época romana, cuando la carne –especialmente la de caballo y de caza– era conservada en vino rojo y especias, un proceso que se supone inventó Julio César. Las versiones regionales de este plato varían de región a región, y a menudo incluyen pasas, pan moreno de centeno o melaza en el escabeche. Se sirve tradicionalmente con albóndigas de papas (Knödel) y col roja cocida.

Nutrición por ración y % de valores diarios (basado en 6 raciones): 921 calorías / Grasa total: 47,8 g (61 %) / Grasas saturadas: 17,7 g (88 %) / Colesterol: 183 mg (61 %) / Sodio: 137 mg (6 %) / Carbohidratos totales: 71,5 g (26 %) / Fibra dietética: 10,7 g (38 %)/ Azúcares totales: 5,9 g / Proteína: 48,1 g / Vitamina D: 3 mcg / Calcio: 72 mg/ Hierro: 7 mg / Potasio: 2155 mg

German Sauerbraten with Potato Dumplings

For the Marinade:
1 onion, chopped
1 cup vinegar
1 cup water
1 bay leaf
3-4 cloves
Salt & pepper

For the Recipe:
2 Tbsp. oil
2 lb. beef chuck roast
2 Tbsp. flour

Cooked red cabbage
 (optional)

For the Potato Dumplings:
12 medium potatoes, peeled
1 egg
1 tsp. corn or potato starch
2 Tbsp. parsley, chopped
Salt & pepper
Croutons (optional)

- Place the roast in a deep bowl and season with salt and pepper.
- Mix the vinegar with the water, onion, bay leaf, cloves, salt and pepper to make a marinade, and pour it over the meat.
- Cover the meat and refrigerate for 2 or 3 days, turning the meat over every day.
- Remove the meat from the marinade and pat dry.
- In a deep saucepan, heat the oil and sauté the meat until brown on all sides.
- Pour the marinade over the beef, cover, and let simmer for about 2 hours, until tender.
- Thicken the sauce with the flour and pour it over the potatoes or potato dumplings.

For the Potato Dumplings:
- On a coarse grater or food processor grate the potatoes until you have a fine puree.
- Place the puree in a clean linen dishtowel and squeeze out all the liquid until very dry.
- Mix in the egg, the starch, parsley, and salt and pepper and shape into 2" balls. If desired, place a couple of croutons in the center of the balls and seal.
- Drop the dumplings into boiling water and let simmer for about 20 to 30 minutes, until the dumplings float on top and are ready to serve.

- Serve with cooked red cabbage.

Serves 4–6

Sauerbraten – which means "sour roast" – is known as one of Germany's national dishes. It is essentially a pot roast of beef or venison (and sometimes lamb, pork or horse) that has been marinated for days in vinegar, water, and spicy seasonings. Its origins date back 2000 years to Roman times, when meat (especially horsemeat and game) was preserved in red wine and spices – a process supposedly invented by Julius Caesar. Regional recipes of this favorite dish vary from region to region – with raisins, pumpernickel bread or molasses often added to the marinade. Sauerbraten is traditionally served with potato dumplings (Knödel) and cooked red cabbage.

Nutrition per Serving & Daily Value % (based on 6 servings): 921 Calories/ Total Fat: 47.8 g (61%)/ Saturated Fat: 17.7 g (88%)/ Cholesterol: 183 mg 61%/ Sodium: 137 mg (6%)/ Total Carbohydrate: 71.5 g (26%)/ Dietary Fiber: 10.7g (38%)/ Total Sugars: 5.9 g/ Protein: 48.1 g/ Vitamin D: 3 mcg/ Calcium: 72 mg/ Iron: 7 mg/ Potassium: 2155 mg.

Moussaka griega con pavo

½ taza de aceite de oliva
2 papas grandes de Idaho, peladas y rebanadas en tiras de ¼" de grosor
1 berenjena mediana, rebanada en tiras de ¼" de grosor
2-3 cucharadas de sal de ajo
Sal y pimienta
1 pimiento rojo, sin corazón ni semillas, cortado en dados

1 cebolla roja, cortada
4 dientes de ajo, troceados
¾ de taza de perejil italiano fresco, cortado
1 libra de pavo picado
2 tazas de salsa de tomate
1 taza de orégano fresco, cortado
½ cucharadita de pimienta de cayena

1 cucharadita de canela molida
4 cucharadas de mantequilla
2 tazas de leche
½ taza de harina
3 yemas de huevo, batidas
2 hojas de laurel
1 cucharadita de nuez moscada molida
½ taza de queso parmesano

***Moussaka**, un plato hecho normalmente con láminas de berenjena, papas y cordero molido, y cubiertas con una salsa lacteal (bechamel), es considerado uno de los platos nacionales de Grecia. Fue introducido por los árabes, y después recreado por un chef griego hacia 1920. La Moussaka caliente se consume en los Balcanes y el Mediterráneo, incluídas Bulgaria, Turquía y Albania. También se come fría en los países del Medio Oriente, y en Egipto y Líbano. El pavo molido substituye al cordero en esta rica receta caliente.*

Nutrición por ración y % de valor diarios (basado en 8 raciones): 536 calorías / Grasa total: 31,3 g (40 %) / Grasas saturadas: 9,7 g (49 %) / Colesterol: 164 mg (55 %) / Sodio: 588 mg (26 %) / Carbohidratos totales: 43,2 g (16 %) / Fibra dietética: 11,6 g (41 %) / Azúares totales: 10,6 g / Proteína: 27,4 g / Vitamina D: 11 mcg / Calcio: 394 mg/ Hierro: 8 mg / Potasio: 187 mg.

- Precaliente el horno a 400°. Recubra con aceite una bandeja de hornear grande (9" x 15").
- Forre con toallas de papel dos bandejas para hornear y coloque las rebanadas de berenjena sobre las toallas. Rocíelas con sal y déjelas "sudar" durante una hora, o hasta que la mayor parte del líquido de las berenjenas haya sido absorbido por las toallas de papel. Golpee suavemente las rebanadas de berenjena, para secarlas y déjelas reposar.
- Vierta suficiente aceite para cubrir el fondo de una sartén y caliéntela a fuego medio. Añada las rodajas de papa y saltéelas en grupo hasta que estén un poco blandas. Rocíe cada grupo con sal de ajo, pimienta y orégano. Repita este proceso con todos los grupos de rodajas. Deje reposar en toallas de papel limpias, y golpéelas suavemente para sacar el aceite que sobre.
- En la bandeja de hornear, alinee las rodajas de papa para que cubran todo el fondo de la bandeja y extienda las rodajas restantes de manera uniforme encima de la primera capa. Deje reposar la bandeja.
- Vierta suficiente aceite para cubrir el fondo de la sartén con las rodajas de berenjena y cocínelas a medio fuego. Saltee las rodajas de berenjena en grupos hasta que estén blandas. Rocíe cada grupo de sal de ajo, pimienta y orégano molido. Déjelo reposar en toallas de papel limpias y saque el exceso de aceite. Repita con todas las rodajas de berenjena.
- Cubra las papas en la bandeja de hornear con una capa de rodajas de berenjena.

Para la salsa de carne:
- A fuego medio, saltee durante 5 minutos juntos el pimiento rojo, la cebolla, el ajo y ½ taza de perejil. Mezcle el pavo y cocínelo hasta que esté dorado. Añada la salsa de tomate, la canela, el orégano y la pimienta de cayena y cocine a fuego lento por 5 minutos.
- Cubra la berenjenas con una fina capa de salsa de carne. Cubra la salsa de carne con las rodajas de berenjena restantes. Extienda el resto de la salsa de carne por encima de las rebanadas. Separe.

Para la salsa bechamel:
- En una olla mediana, derrita la mantequilla a fuego medio-bajo, y agregue la harina mientras la bate, para formar una pasta. Añada la leche, la nuez moscada, el laurel, la sal y la pimienta, batiendo la salsa hasta que se espese. Si la salsa se espesa demasiado, añada un poco de leche (la salsa debe ser un líquido espeso). Deje que la salsa se enfríe un poco, entonces bata en ella las yemas de los huevos y el queso parmesano.
- Vierta la salsa bechamel encima de la bandeja de hornear. Coloque la bandeja en el horno y hornee a 400° por 45-50 minutos, o hasta que la parte superior esté dorada.
- Adorne con las ramitas de perejil restantes.

6–8 raciones

Moussaka, *a layered dish usually made with eggplant, potatoes, and ground lamb topped with an egg custard sauce (béchamel), is considered one of the national dishes of Greece. Originally introduced by the Arabs, it was recreated by a Greek chef in the 1920s. Today, moussaka is eaten warm throughout the Balkans and the Mediterranean, such as Bulgaria, Turkey, and Albania. It is also served cold in the Arab countries of the Middle East, and in Egypt and Lebanon. In this recipe, ground turkey has replaced lamb for a warm and tasty meal.*

Greek Moussaka with Turkey

½ cup olive oil
2 large Idaho potatoes, peeled
  & sliced into strips ¼" thick
1 medium eggplant, sliced
  into strips ¼" thick
2-3 Tbsp. garlic salt
Salt and pepper
1 red bell pepper, cored &
  seeded, diced

1 red onion, chopped
4 cloves garlic, minced
¾ cup fresh Italian parsley,
  chopped
1 cup fresh oregano, chopped
1 lb. ground turkey
2 cups tomato sauce
1 tsp. cinnamon, ground
½ tsp. cayenne pepper

4 Tbsp. butter
2 cups milk
½ cup flour
3 egg yolks, whisked
2 bay leaves
1 tsp. nutmeg, ground
½ cup grated Parmesan
  cheese

Nutrition per Serving & Daily Value % (based on 8 servings): 536 Calories/ Total Fat: 31.3 g (40%)/ Saturated Fat: 9.7 g (49%)/ Cholesterol: 164 mg (55%)/ Sodium: 588 mg (26%)/ Total Carbohydrate: 43.2 g (16%)/ Dietary Fiber: 11.6 g (41%)/ Total Sugars: 10.6 g/ Protein: 27.4 g/ Vitamin D: 11 mcg/ Calcium: 394 mg/ Iron: 8 mg/ Potassium: 1187 mg

- Preheat oven to 400°. Coat a large baking dish (about 9" x 15") with oil.
- Line 2 cookie sheets with paper towels and place eggplant slices flat on the towels. Sprinkle salt over the slices and let them "sweat" for 1 hour until most of the eggplant liquid is absorbed on the towels. Pat the eggplant dry and set aside.
- Cover the bottom of a frying pan with oil, and heat it over medium heat. Add the potato slices to the pan and sauté them in batches until slightly soft. Sprinkle each batch with garlic salt, pepper, and oregano. Repeat with all slices. Set aside on fresh paper towels and pat down any excess oil.
- In the baking dish, align the potato slices to cover the entire bottom of the dish and layer any remaining slices evenly on top of each other. Set the baking dish aside.
- Pour enough oil to cover the bottom of the frying pan for the eggplant slices and heat it over medium heat. Sauté the eggplant slices in batches until slightly soft. Sprinkle each batch with garlic salt, pepper, and oregano. Set aside on fresh paper towels and pat down any excess oil. Repeat with all the eggplant slices.
- Cover the potatoes in the baking dish with a layer of eggplant slices.

For the Meat Sauce:
- Over medium heat, sauté together the red bell pepper, onion, garlic, and ½ cup parsley for 5 minutes. Stir in the turkey and cook until browned. Add the tomato sauce, cinnamon, oregano, and cayenne pepper, and simmer for another 5 minutes.
- Place a thin layer of meat sauce on top of the eggplant. Cover the meat sauce with any remaining eggplant slices. Spread the remaining meat sauce to cover all the slices. Set aside.

For the Béchamel Sauce:
- In a medium saucepan, melt the butter over medium-low heat, and whisk in the flour to make a paste. Stir in the milk, nutmeg, bay leaves, salt and pepper, and continue to whisk until sauce thickens. If sauce thickens too much, add a little milk (sauce should remain a thick liquid). Let the sauce cool down a bit, then whisk in the egg yolks and add the Parmesan cheese.
- Pour the Béchamel sauce over the entire top of the baking dish. Place the dish in the oven, and bake at 400° for 45-50 minutes or until the top layer is golden brown.
- Garnish the dish with the remaining sprigs of parsley.

Serves 6–8

Pollo al pimentón húngaro (Paprikash)

1 pollo entero, en trozos
3-4 cucharadas de aceite
1 cebolla, cortada
1 pimiento rojo, sin corazón ni
   semillas, en rodajas
3 dientes de ajo, picados
3 cucharadas de pimentón

1 cucharada de harina
1 taza de caldo de pollo
½ taza de crema agria
Sal y pimienta
1 lb. fideos de huevo o fideos
   Spaetzle, o prepare las albóndigas
   como se describe más abajo

Para las albóndigas:
4 huevos
⅓ taza de leche
2 cucharaditas de sal
2 tazas de harina

- Condimente el pollo con sal y pimienta. En una sartén, caliente el aceite y saltee las piezas de pollo hasta que estén doradas por todas partes. Deje reposar.
- Devuelva la sartén al fuego y saltee por 5 minutos la cebolla, el pimiento rojo y el ajo, hasta que se ablanden.
- Mezcle el pimentón y la harina con los vegetales y, cuando estén mezclados, agregue batiendo el caldo de pollo y cocine por 2-3 minutos.
- Devuelva los pedazos de pollo a la sartén y cocínelos a fuego lento por 10-15 minutos, hasta que se cocine completamente. Apague el fuego y mezcle el pollo con la crema agria.
- Sírvalo cubierto con fideos de huevo, fideos Spaetzle o albóndigas caseras.

Albóndigas:
- Mezcle todos los ingredientes uniformemente hasta crear una masa suave.
- Empuje la masa a través de un colador de huecos grandes, para hacer caer pequeños pedazos de masa (las albóndigas) en agua hirviendo con sal. Haga hervir por 1-2 minutos hasta que las albóndigas asciendan a la superficie.
- Escurra y sirva con el pollo y la salsa.

4–6 raciones

Muchos creen que los platos sazonados con pimentón –una especia obtenida de pimientos rojos secos–, como el **Paprikash** húngaro, son originarios de Hungría. La planta, sin embargo, es originaria del Nuevo Mundo. El pimentón fue llevado desde México a España en el siglo XVI. De allí se entendió a Turquía y a los Balcanes, donde fue adoptado por Hungría como el principal condimento de su cocina, tanto dulce como picante. En esta receta, el pimentón da el distintivo sabor y color rosado del pollo.

Nutrición por ración y % de valores diarios (basado en 6 raciones): 380 calorías / Grasa total: 17 g (22 %) / Grasas saturadas: 5,2 g (26 %) Colesterol: 140 mg (47 %) / Sodio: 984 mg (43 %) / Carbohidratos totales: 39,3 g (14 %) / Fibra dietética: 3,1 g (11 %) / Azúcares totales: 3,3 g / Proteína: 17,9 g / Vitamina D: 10 mcg / Calcio: 81 mg / Hierro: 4 mg / Potasio: 364 mg

Hungarian Chicken Paprikash

1 whole chicken, split into pieces
3-4 Tbsp. oil
1 onion, chopped
1 red bell pepper, seeded &
 cored, sliced
3 cloves garlic, minced
3 Tbsp. paprika

1 Tbsp. flour
1 cup chicken broth
½ cup sour cream
Salt & pepper
1 lb. egg noodles or Spaetzle
 noodles or make the dumplings
 as described below

For the Dumplings:
4 eggs
⅓ cup milk
2 tsp. salt
2 cups flour

- Season the chicken with salt and pepper. In a frying pan, heat the oil and sauté the chicken pieces until golden on all sides. Set the chicken aside.
- Return the pan to the heat and sauté the onion, red bell pepper, and garlic for about 5 minutes until softened.
- Stir in the paprika and flour until well combined, then whisk in the chicken broth and let it cook for 2-3 minutes.
- Place the chicken pieces back into the pan and let them simmer for another 10-15 minutes until the chicken is completely cooked. Turn off the heat and stir in the sour cream.
- Serve over egg noodles, Spaetzle noodles or homemade dumplings.

Dumplings:
- Mix all the ingredients together to form a soft dough.
- Push the dough through a colander with large holes, and drop the small pieces of dough (the dumplings) into boiling, salted water. Boil for 1-2 minutes until the dumplings rise to the surface.
- Drain and serve with the chicken and sauce.

Serves 4–6

Dishes, such as **Hungarian Paprikash** that are seasoned with paprika – a spice ground from dried red bell peppers – are thought to have come from Hungary. The plant, however, is from the New World. Brought from Mexico to Spain in the 16th century, paprika made its way to Turkey and the Balkans, where it was adopted by Hungary as its principal sweet and spicy condiment. In this recipe, it is the paprika that gives the chicken its distinctive flavor and rosy color.

Nutrition per Serving & Daily Value % (based on 6 servings): 380 Calories/ Total Fat: 17 g (22%)/ Saturated Fat: 5.2 g (26%)/ Cholesterol: 140 mg (47%)/ Sodium: 984 mg (43%)/ Total Carbohydrate: 39.3 g (14%)/ Dietary Fiber: 3.1 g (11%)/ Total Sugars: 3.3 g/ Protein: 17.9 g/ Vitamin D: 10 mcg/ Calcium: 81 mg/ Iron: 4 mg/ Potassium: 364 mg.

Pescado al curry indio

3 cucharadas de aceite
2 cucharadas de jengibre, picado fino o rallado
6 cucharadas de polvo de curry, o más, a gusto
1 cebolla, cortada
2 dientes de ajo, picados finamente

1 lata (13,5 oz) de leche de coco sin azúcar
1 lata (14,5 oz) de tomates cortados
2 pimientos jalapeños, sin corazón ni semillas, en rodajas
½ taza de tomates de uva, cortados a la mitad (opcional)

1 lb defiletes de tilapia, cortados en pedazos de 1"
Sal y pimienta
2 tazas de arroz, cocinado
6 tazas de caldo de pescado o agua

- En una sartén grande y profunda, caliente el aceite y saltee el polvo de curry con el jengibre, las cebollas y el ajo, hasta que se ablanden.
- Añada la leche de coco, removiendo hasta mezclar. Cocine a fuego lento por un minuto o dos.
- Añada los tomates en lata y los pimientos picantes, mezcle y deje reposar. Si lo desea, añada los tomates uva y deje que la mezcla se cocine a fuego lento por 1 o 2 minutos.
- Condimente el pescado con sal y pimienta y colóquelo dentro de la salsa. Cocine a fuego lento por 3-5 minutos, hasta que el pescado esté bien cocido.
- Compruebe la condimentación y rocíe con unas cuantas hojas de cilantro, trituradas.
- Sirva sobre el arroz, ya cocinado.
- Adorne con hojas de cilantro.

4–6 raciones

Amado en todo el mundo, el **curry**, lo mismo como plato que como especia, se identifica con el subcontinente indio, donde sus raíces se remontan a Mesopotamia, cerca del año 1700 a. de C. Es muy popular en la India, Pakistán, Sri Lanka, Bangladesh y Tailandia. Los platos de curry son conocidos gracias a una miríada de recetas que incluyen res, cordero, pollo, pescado y/o vegetales, combinados con salsas de curry y especias de cilantro, comino, jengibre, curcuma y chiles picantes, desde los más suaves a los más picantes. El curry es también muy apreciado en el Reino Unido, donde fue introducido en el siglo XVII y, hoy en día, se considera un plato nacional y se celebra durante una semana durante el mes de octubre. El curry varía de región a región, según las normas culturales y el ardor del plato. El picante de este plato de pescado al curry indio es suave.

Nutrición por ración y % de valores diarios (basado en 6 raciones): 496 calorías / Grasa total: 18,6 g (24 %) / Grasas saturadas: 9,9 g (50 %) / Colesterol: 37 mg (12 %) / Sodio: 351 mg (15 %) / Carbohidratos totales: 63,4 g (23 %) / Fibra dietética: 5,4 g (19 %) / Azúcares totales: 5,9 g / Proteína: 21,4 g / Vitamina D: 0 mcg / Calcio: 105 mg / Hierro: 7 mg / Potasio: 530 mg

Indian Fish Curry

3 Tbsp. oil	1 can (13.5 oz.) unsweetened coconut milk	½ cup grape tomatoes, sliced in half (optional)
2 Tbsp. ginger, minced or grated	1 can (14.5 oz.) chopped tomatoes	1 lb. tilapia fish filets, cut into 1" pieces
6 Tbsp. curry powder or more to taste	2 jalapeño peppers, seeded & cored, sliced	Salt & pepper
1 onion, chopped		2 cups rice, cooked
2 cloves garlic, minced		6 cups fish stock or water

For the Sauce:

- In a large, deep skillet, heat the oil and sauté the curry powder with the ginger, onions, and garlic until softened.
- Add the coconut milk, stirring until well combined. Let the mixture cook on low heat for a minute or two.
- Stir in the canned tomatoes and hot peppers, and let simmer. If desired, add the grape tomatoes at this point, and let the mixture simmer for another minute or two.
- Season the fish with salt and pepper and fold it into the sauce. Let everything simmer for about 3-5 minutes, until the fish is fully cooked through.
- Check for seasoning, sprinkle with a few chopped cilantro leaves.
- Serve over cooked rice.
- Garnish with chopped cilantro leaves.

Serves 4–6

Beloved around the world as both a dish and a spice, **curry** is mostly identified with the Indian subcontinent, with roots that go back to Mesopotamia around 1700 BC. Popular in India, Pakistan, Sri Lanka, Bangladesh, and in Thailand, it is known for its myriad recipes of beef, lamb, chicken, fish and/or vegetables, combined with mild to fiery curry-based sauces and spices of coriander, cumin, ginger, turmeric, and hot chilies. Curry also enjoys much acclaim in the United Kingdom, where it was introduced in the 17th century, and it is now celebrated as a national dish for an entire week in October. Curries vary from region to region, both according to cultural norms and the intensity of heat. The heat in this Indian fish curry is mild.

Nutrition per Serving & Daily Value % (based on 6 servings): 496 Calories/ Total Fat: 18.6 g/ (24%)/ Saturated Fat: 9.9 g (50%)/ Cholesterol: 37 mg (12%)/ Sodium: 351 mg (15%)/ Total Carbohydrate: 63.4 g (23%)/ Dietary Fiber: 5.4 g (19%)/ Total Sugars: 5.9 g/ Protein: 21.4 g/ Vitamin D: 0 mcg/ Calcium: 105 mg/ Iron: 7 mg/ Potassium: 530 mg

Korma indio vegetal, con raita

1 ¾ taza de arroz basmati
4 tazas de agua
1 cucharada de sal1
½ cucharada de menta seca, triturada
2 papas, cortadas en pedazos de ½ pulgada
6 tazas de guisantes, zanahorias rebajadas y floretes de coliflor, cortados en pedazos de ½ pulgada
2 cucharadas de aceite de oliva
1 cucharada de sal

2 cebollas medianas, cortadas finamente
2" de raíz de jengibre, picado
2 cucharadas de ajo, picado
1 lata pequeña de pasta de tomate
1 cucharada de Garam Masala en polvo (ej., McCormick)
1 cucharada de comino en polvo
1 cucharadita de cilantro en polvo
1 cucharadita de cúrcuma en polvo
1 cucharadita de cardamomo en polvo

½ cucharadita de clavo molido
½ cucharadita de semillas de hinojo, molidas
½ cucharadita de chile en polvo (ajuste el picante al gusto)
1 lata de leche de coco
1 taza de marañones
2 cucharada de jugo de limón
¾ taza de yogur natural
2 cucharadas de azúcar moreno
2 tazas de salsa Raita (ver más abajo)

- En una olla grande, coloque el arroz y la sal en agua y hierva. Cubra y cocine a fuego lento por 20 minutos. Añada una pequeña cantidad de agua si el arroz se seca. A los 20 minutos, retírelo del fuego y añada la menta triturada y mezcle bien. Cúbralo y deje reposar, sin destapar.
- Mientras el arroz se cocina, coloque las papas en otra olla, cúbralas con agua y hiérvalas por 5 minutos. Añada los vegetales restantes y hiérvalos por otros 5 minutos. Escurra y deje reposar, sin destapar.
- En una sartén, caliente el aceite de oliva a fuego medio-alto. Añada la cebolla y saltéela hasta ablandarla. Añada el jengibre y el ajo y continúe cocinando por 3 minutos más. Añada la pasta de tomate y las especias restantes (Garam Masala, comino, cilantro, cúrcuma, cardamomo, clavo, hinojo y chili en polvo). Mezcle bien y continúe cocinando por otros 2 minutos. Añada la leche de coco, los marañones, el jugo de limón y 1 ½ tazas de agua. Hierva por 5 minutos más. Retire del fuego y mezcle el yogur y el azúcar moreno. Añada sal al gusto.
- En un plato de servir, mezcle la salsa con los vegetales y viértala sobre el arroz.
- Adorne con floretes de coliflor, marañones y cilantro fresco.
- Sírvalo con salsa Raita fría.

Para la salsa Raita:
- Mezcle 2 tazas de yogur natural desnatado, pepinos cortados, chalotes cortados y cilantro fresco cortado, con unos pellizcos de cilantro seco y comino, para formar una salsa. Déjela en el refrigerador hasta que esté lista para servir.

6–8 raciones

Korma, un guiso que originalmente se servía a las familias reales, se desarrolló en el subcontinente indio hace 500. El nombre hace referencia a la técnica de cocido de la carne a fuego lento en ghee (mantequilla clareada), yogur y varias especias aromáticas. En la India y Pakistán, donde se considera plato estelar, se pude preparar con res, codero, pollo, o solo con vegetales, tales como cebollas caramelizadas, coliflor, nabos, papas, remolachas o acelgas. Esta receta es vegetariana e incluye nueces.

Nutrición por ración y % de valores diarios (basado en 8 raciones): 614 calorías / Grasa total: 15,2 g (19 %) / Grasas saturadas: 4 g (20 %) / Colesterol: 4 mg (1 %) / Sodio: 981 mg (43 %) / Carbohidratos totales: 100,7 g (37 %) / Fibra dietética: 9 g (32 %)/ Azúcares totales: 15,7 g / Proteína: 19,2 g / Vitamina D: 0 mcg / Calcio: 229 mg / Hierro: 5 mg / Potasio: 951 mg

Korma – *a stew that was originally served to royal families of the Indian subcontinent 500 years ago* – *refers to the braising technique of the meat in ghee (clarified butter), yoghurt, and the aromatic variety of spices with which it is cooked. Considered by India and Pakistan as one of its stellar dishes, it can be prepared with beef, lamb, chicken, and/ or only with vegetables, such as caramelized onions, cauliflower, turnips, carrots, potatoes, beets, and/or mustard greens. This is a vegetarian recipe that includes nuts.*

Indian Vegetable Korma, with Raita

1 ¾ cup basmati rice
4 cups water
1 Tbsp. salt
1 ½ Tbsp. dried mint, crushed
2 potatoes, cut into ½" pieces
6 cups peas, sliced carrots &
   cauliflower florets, chopped
   into ½ inch pieces
2 Tbsp. olive oil
1 Tbsp. salt

2 medium onions, finely chopped
2" piece of ginger root, minced
2 Tbsp. garlic, minced
1 small can tomato paste
1 Tbsp. Garam Masala powder
   (e.g. McCormick)
1 Tbsp. cumin, ground
1 tsp. coriander, ground
1 tsp. turmeric, ground
1 tsp. cardamom, ground

½ tsp. cloves, ground
½ tsp. fennel seeds, ground
½ tsp. chili powder (adjust
   heat to taste)
1 can coconut milk
1 cup cashews
2 Tbsp. lemon juice
¾ cup plain yogurt
2 Tbsp. brown sugar
2 cups Raita dip (see below)

- In a large pot, place the rice and salt in water and bring to a boil. Cover and simmer on low heat for 20 minutes. Add small amounts of water if the rice appears to dry out. After 20 minutes, remove the rice from the heat, add crushed mint, and mix well. Cover and set aside.
- While the rice is cooking, place the potatoes in another pot, cover them with water, and boil for 5 minutes. Add the remaining vegetables and boil for another 5 minutes. Drain and set aside, covered.
- In a frying pan, heat the olive oil over medium high heat. Add the onion and sauté until soft. Add the ginger and garlic and cook for 3 more minutes. Add the tomato paste and remaining spices (Garam Masala, cumin, coriander, turmeric, cardamom, cloves, fennel, and chili powder). Stir well (and cook for) another 2 minutes. Add the coconut milk, cashews, lemon juice, and 1½ cups of water. Boil for 5 more minutes. Remove from the heat and stir in the yogurt and brown sugar. Salt to taste.
- On a serving plate, mix the sauce with the vegetables and pour over the rice.
- Garnish with cooked cauliflower florets, cashews, and cilantro.
- Serve with cool Raita dip.

For the Raita Dip:
- Mix together 2 cups low-fat plain yogurt, chopped cucumbers, chopped scallions, and chopped cilantro with pinches of coriander and cumin to form a dip. Place in the refrigerator until ready to serve.

Serves 6–8

Nutrition per Serving & Daily Value % (based on 8 servings): 614 Calories/ Total Fat: 15.2 g (19%)/ Saturated Fat: 4 g (20%)/ Cholesterol: 4 mg (1%)/ Sodium: 981 mg (43%)/ Total Carbohydrate: 100.7 g (37%)/ Dietary Fiber: 9 g (32%)/ Total Sugars: 15.7 g/ Protein: 19.2 g/ Vitamin D: 0 mcg/ Calcium: 229 mg/ Iron: 5 mg/ Potassium: 951 mg

Satay indonesio con salsa de maní

24 brochetas de bambú

Para el encurtido:
3 cucharadas de aceite de maní
1 cucharada de salsa de soja baja en sodio
1 cucharadita de miel
3 dientes de ajo, picados
1 cucharada de curry en polvo
1 cucharadita de cilantro molido
1 cucharadita de cúrcuma
1 cucharadita de comino en polvo
Sal y pimienta
2 lbs de pechugas de pollo, deshuesadas,
   cortadas en tiras finas

- Coloque las brochetas de bambú en agua fría y déjelas remojar durante una noche.
- En un cuenco grande, mezcle los ingredientes para el encurtido. Recubra las tiras de pollo con el encurtido. Cubra el cuenco y déjelo reposar marinando en el refrigerador durante la noche.
- Cubra el cuenco y déjelo reposar marinando en el refrigerador durante una noche.
- Caliente el horno a 450°. Ensarte las tiras de pollo en las brochetas y colóquelas en una bandeja para hornear. Áselas por 5 minutos, dándoles la vuelta una vez, hasta que estén completamente cocinadas.

4–6 raciones

Para la salsa de maní:
¼ taza de aceite de maní
1 cebolla, cortada finamente
3 dientes de ajo, picados
1 cucharadas de jengibre fresco, picado
1 cucharada de curry en polvo
1 cucharada de hojuelas de pimiento rojo picante
1/2 taza de leche de coco
¼ taza de agua
¼ taza de mantequilla de maní
Jugo de 1 limón
2 cucharaditas de vinagre
2 cucharadas de salsa de soja baja en sodio
¼ cucharadita de canela en polvo

- Caliente el aceite en una sartén y saltee la cebolla y el ajo hasta ablandarlos. Añada el curry en polvo y el resto de los ingredientes. En cuanto hierva, baje el fuego y deje cocinar a fuego lento por unos 5 minutos, hasta que la salsa se espese.
- Sirva las brochetas de pollo con salsa de maní, de acompañamiento.

---

*El **satay** se originó en la isla de Java, Indonesia y se ha convertido en el plato nacional. Originalmente, la carne se ensartaba en el nervio central de una hoja de palmera, pero hoy en día se usan brochetas de bambú. Es la comida predilecta de los restaurantes y vendedores ambulantes en el sureste de Asia. Asado a la parrilla, el satay de pollo –acompañado por salsa de maní– es bajo en grasas y colesterol, y una buena fuente de proteínas.*

Nutrición por ración y % de valores diarios (basado en 6 raciones): 472 calorías / Grasa total: 32 g (41 %) / Grasas saturadas: 10,2 g (51 %) / Colesterol: 88 mg 29 %) / Sodio: 504 mg (22 %) / Carbohidratos totales: 10,3 g (4 %) / Fibra dietética: 2,8 g (10 %) / Azúcares totales: 4 g / Proteína: 38,3 g / Vitamina D: 0 mcg / Calcio: 31 mg / Hierro: 4 mg / Potasio: 247 mg

Indonesian Satay with Peanut Sauce

24 bamboo skewers

For the Marinade:
3 Tbsp. peanut oil
1 Tbsp. low sodium soy sauce
1 tsp. honey
3 cloves garlic, minced
1 Tbsp. curry powder
1 tsp. coriander, ground
1 tsp. turmeric
1 tsp. cumin, ground
Salt and pepper
2 lbs. skinless, boneless chicken
    breasts, sliced into thin strips

For the Peanut Sauce:
¼ cup peanut oil
1 onion, finely chopped
3 cloves garlic, minced
1 Tbsp. fresh ginger, minced
1 Tbsp. curry powder
1 Tbsp. crushed red pepper flakes
½ cup coconut milk
¼ cup water
¼ cup peanut butter
Juice of 1 lemon
2 tsp. vinegar
2 Tbsp. low sodium soy sauce
¼ tsp. cinnamon, ground

- Place the bamboo skewers in cold water and let them soak overnight.
- In a large bowl, mix the marinade ingredients together. Coat the chicken strips evenly with the marinade. Cover the bowl and place the chicken overnight in the refrigerator to marinate.
- Heat the oven to 450°. Thread the chicken strips onto the skewers and place them on a baking sheet. Broil for about 5 minutes, turning them once, until cooked through.

- Heat the oil in a skillet and sauté the onion and garlic until softened. Add the curry powder and all other ingredients. Bring the mixture to a boil, then turn down the heat. Let simmer for about 5 minutes until the sauce thickens.

- Serve chicken skewers with the peanut sauce on the side.

Serves 4–6

Satay originated on the island of Java, Indonesia, and has become the country's national dish. The meat was formerly skewered on the midrib of a palm leaf, but bamboo skewers are used today. A favorite meal of restaurants and street vendors throughout Southeast Asia, grilled chicken satay – accompanied by peanut sauce – is low in fat and cholesterol, and a good source of protein.

Nutrition per Serving & Daily Value % (based on 6 servings): 302 Calories/ Total Fat: 7 g (9%)/ Saturated Fat: 1.1 g (5%)/ Cholesterol: 12 mg (4%)/ Sodium: 556 mg (24%)/ Total Carbohydrate 49.6 g (18%)/ Dietary Fiber: 6.8 g (24%)/ Total Sugars: 14.7 g/ Protein 12.5 g/ Calcium: 43 mg/ Iron: 4 mg/ Potassium: 1159 mg

Guiso irlandés

1 lb de tiras de res para asar, cortadas en dados de 1"
3 cucharadas de harina
3 cucharadas de aceite de oliva
1 cebolla, cortada
1 diente de ajo, picado

1 puerro, en rodajas (las partes blancas y verde claro)
1 lb de hongos, en rodajas anchas
1 lb de zanahorias, en rodajas
1 lb de chirivías, en rodajas
1 lb de nabos, cortados en pedazos de 1"

1 lb de papas, cortadas en pedazos de 1"
1 taza de guisantes verdes
Sal y pimienta
2 cucharados de perejil

- Recubra con harina la carne de res. Condimente con sal y pimienta.
- En una sartén grande, caliente el aceite de oliva y saltee la carne hasta que se dore por todos los lados.
- Añada la cebolla y el puerro, y después el ajo y los hongos, dando vueltas hasta que los hongos estén ligeramente dorados.
- Añada una taza de agua y deje que la mezcla hierva a fuego lento por una media hora.
- Añada los tubérculos, condimentando con sal y pimienta y bastante agua para cubrir los vegetales.
- Cuando hierva, cocine a fuego lento por 20 minutos, hasta que los vegetales estén blandos, sin que se deshagan. Si es necesario, añada 1 cucharada de harina para espesar la salsa.
- Añada los guisantes. Vuelva a hervir, baje el fuego y cocine por otros 5 minutos.
- Adorne con perejil.

4–6 raciones

El **guiso irlandés** o "stobhach gaelach", en gaélico, tiene su origen varios siglos atrás y es probablemente el plato más famoso de Irlanda. Aunque se cocina tradicionalmente a fuego abierto, con cordero o ternasco, papas y cebolla –la región es famosa por su producción ovina–, el plato ha variado y hoy en día incluye tubérculos (nabos, chirivías y zanahorias), cebada y carne de res. Los ingredientes se cocinan a fuego lento durante horas, y se les puede incluso agregar cerveza.

Nutrición por ración y % de valores diarios (basado en 6 raciones): 414 calorías / Grasa total: 12,3 g (16 %) / Grasas saturadas: 2,9 g (14 %) / Colesterol: 68 mg (13 %)/ Sodio: 203 mg (9 %) / Carbohidratos totales: 45,1 g (16 %) / Fibra dietética: 9,7 g (35 %) / Azúcares totales: 2,1 g / Proteína: 28,8 g / Vitamina D: 84 mcg / Calcio: 82 mg / Hierro: 17 mg / Potasio: 1242 mg

Irish Stew

1 lb. of chuck beef roast, cut into 1" cubes	1 leek, white and light green parts only, sliced	1 lb. turnips, cut into 1" chunks
3 Tbsp. flour	1 lb. mushrooms, thickly sliced	1 lb. potatoes, cut into 1" chunks
3 Tbsp. olive oil	1 lb. carrots. sliced	1 cup green peas
1 onion, chopped	1 lb. parsnips, sliced	Salt and pepper
1 garlic clove, minced		2 Tbsp. parsley

- Toss the beef cubes in the flour to coat all sides. Season them with salt and pepper.
- In a large, deep pan, heat the olive oil and sauté the beef to let brown thoroughly.
- Add the onion and leek, then the garlic and mushrooms, stirring until the mushrooms are lightly browned.
- Add a cup of water and let the mixture simmer for about half an hour.
- Add in the root vegetables, season with salt and pepper, and pour enough water to cover the vegetables.
- Bring to a boil and let simmer for about 20 minutes, until the vegetables are softened but not mushy.
- Add in the peas. Bring back to a boil, reduce the heat, and let it simmer for another 5 minutes. If necessary, add 1 Tbsp. flour to thicken the gravy.
- Garnish with parsley.

Serves 4–6

Going back a few centuries, **Irish Stew**, or "stobhach gaelach" as it is called in the country's Gaelic language, is probably the most notable dish in Ireland. Traditionally cooked over an open fire with lamb or mutton, potatoes, and onions—in a land known for its sheep production—the dish gradually expanded to include flavorful root vegetables (turnips, parsnips, and carrots), barley, and beef. The ingredients simmer for hours and can even include some beer.

Nutrition per Serving & Daily Value % (based on 6 servings): 414 Calories/ Total Fat: 12.3 g (16%)/ Saturated Fat: 2.9 g (14%)/ Cholesterol: 68 mg (13%)/ Sodium: 203 mg (9%)/ Total Carbohydrate: 45.1 g (16%)/ Dietary Fiber: 9.7 g (35%)/ Total Sugars: 12.1 g/ Protein: 28.8 g/ Vitamin D: 84 mcg/ Calcium: 82 mg/ Iron: 17 mg/ Potassium: 1242 mg

Rollos de col israelíes

1 col	Sal y pimienta	**Para la salsa:**
1 lb de pavo molido	½ cucharadita de pimentón, molido	1 pote (12 oz) de salsa
1 cebolla, cortada	1 cucharada de orégano seco	marinara
2 dientes de ajo, picados	1 cucharadita de cilantro	⅓ taza de azúcar moreno
1 huevo	1 pizca de salsa picante (opcional)	3 cucharadas de vinagre,
½ taza de pan rallado	½ taza de crema agria	o jugo de limón

- Retire de 10 a 12 hojas de la col (no se preocupe si se rompen un poco). Corte la parte más grusa del tallo de cada hoja con un cuchillo, para obtener una hoja más fina y flexible.
- Coloque las hojas en una olla de agua con sal hirviendo, y deje cocer a fuego lento por 3-5 minutos. Deje reposar hasta que se enfríe.
- En un cuenco, mezcle el pavo molido con la cebolla, el ajo y las especias. Añada el huevo y el pan rallado y mezcle.
- Tome unas cuatro cucharadas de la mezcla de carne y colóquelas en una de las hojas de de col. Enróllela, doblando la punta de la hoja hacia abajo, y colóquela, con la costura hacia abajo, en una bandeja para hornear de 9"x 12". Repita el proceso con cada uno de los rollos, hasta que no queden hojas ni mezcla de carne.
- Mezcle la salsa marinara con el azúcar moreno y el vinagre o el jugo de limón. Vierta la salsa sobre los rollos y hornéelos a 375° por más o menos 1 hora .
- Sirva sobre arroz o puré de papas, con una cucharada de crema agria en la parte superior.

4–6 raciones

---

*Los **rollos de col**, con cualquier tipo de relleno, son una comida favorita en el Medio Oriente, el este y norte de Europa, Asia occidental y el norte de China. También son un plato apreciado en Israel y en las comunidades judías alrededor del mundo, donde a menudo se sirven durante las festividades y ocasiones especiales. Aunque la salsa de tomate de base puede ser dulce o salada, según la cultura (la versión judía tiene un sabor dulce y amargo, y puede incluir pasas), el relleno es usualmente algún tipo de carne molida, con o sin arroz. En esta receta, los rollos de col están rellenos de pavo molido.*

Nutrición por ración y % de valores diarios (basado en 6 raciones): 235 calorías / Grasa total: 9,8 g (13 %) / Grasas saturadas: 1,8 g (9 %) / Colesterol: 104 mg (35 %) / Sodio: 207 mg (9 %) / Carbohidratos totales: 16,2 g (6 %)/ Fibra dietética: 4,3 g (15 %) / Azúcares totales: 5,3 g / Proteína: 24,7 g / Vitamina D: 3 mcg / Calcio: 105

Israeli Cabbage Rolls

1 head of cabbage
1 lb. ground turkey
1 onion, chopped
2 cloves garlic, minced
1 egg
½ cup breadcrumbs

Salt & pepper
½ tsp. paprika, ground
1 Tbsp. dried oregano
1 tsp. coriander
Dash of hot sauce (optional)
½ cup sour cream

For the Sauce:
1 (12 oz.) jar of marinara sauce
⅓ cup brown sugar
3 Tbsp. vinegar or lemon juice

- Remove 10-12 cabbage leaves from the head of a cabbage (don't worry if they tear a little.) Cut out some of the thicker part of the stem on each leaf with a knife, so as to make the leaf thinner and more pliable.
- Place the leaves into a pot of boiling, salted water, and simmer them for about 3-5 minutes. Set aside to cool.
- In a bowl, mix the ground turkey with the onion, garlic, and spices. Add the egg and breadcrumbs, and mix it together until well combined.
- Take about four tablespoons of the meat mixture and place it on each cabbage leaf. Roll the leaf over, tuck the ends under, and lay the cabbage roll with the seam down into a 9"x 12" oiled baking dish. Repeat with each roll until there are no more leaves and meat mixture.
- Mix the marinara sauce with the brown sugar and vinegar or lemon juice. Pour the sauce over the rolls and bake them at 375° for about one hour.
- Serve over rice or mashed potatoes with a dollop of sour cream on top.

Serves 4–6

Cabbage rolls, *wrapped with all types of fillings, is a favorite meal in the Middle East, Eastern and Northern Europe, West Asia and Northern China. It is also a beloved dish in Israel and Jewish communities around the world, where it is often served for holidays and special occasions. While the tomato-based sauce varies from sweet to savory across diverse cultures (the Jewish version has a sweet and sour taste and may include raisins), the fillings usually consist of a type of ground meat with or without rice. In this recipe, the cabbage rolls are stuffed with ground turkey.*

Nutrition per Serving & Daily Value % (based on 6 servings): 235 Calories/ Total Fat: 9.8 g (13%)/ Saturated Fat: 1.8 g (9%)/ Cholesterol: 104 mg (35%)/ Sodium: 207 mg (9%)/ Total Carbohydrate: 16.2 g (6%)/ Dietary Fiber: 4.3 g (15%)/ Total Sugars: 5.3 g/ Protein: 24.7 g/ Vitamin D: 3 mcg/ Calcium: 105 mg/ Iron: 3 mg/ Potassium: 486 mg

Lasaña italiana con pavo

15-18 láminas de lasaña
4 cucharadas de aceite de oliva
1 taza de cebolla roja, picada
8 dientes de ajo, molido
1,3 libras (28,8 oz) de pavo picado
1 lata (14,5 oz) de tomates asados,
  cortados en dados
1 jarra/pote de salsa marinara,
  o 1 (29 oz) lata de salsa de
  tomate

1 cucharada de semillas de hinojo
  molidas
1 cucharada de albahaca seca
2 cucharadas de orégano seco
1 cucharada de pimienta roja molida
3 tazas de cilantro fresco, picado
Sal y pimienta a gusto
1 envase (32 oz) de queso ricota
bajo en grasa (ej., Galbani)
1 huevo, ligeramente batido

1 cucharada de nuez moscada
  molida
4 tazas de espinacas frescas
1 cucharada de sazón Adobo
2 cucharadas de estragón seco
4 tazas de queso mozarela
  semi-desnatado, rallado
1 taza de queso parmesano rallado
  omezcla de cuatro quesos

- Precaliente el horno a 375°
- En una olla grande, hierva en agua con sal, por unos 10 minutos, las láminas de lasaña, hasta que estén ligeramente suaves. Escurra y deje reposar.
- En una sartén grande, caliente el aceite de oliva a fuego medio. Añada la cebolla y el ajo y saltee por unos minutos. Añada el pavo y saltee hasta que esté ligeramente dorado. Añada los tomates y la salsa de tomate. Añada y remueva las semillas de hinojo, albahaca, orégano, la mitad del cilantro, la sal y la pimienta roja molida. Cocine a fuego lento por 10 minutos y deje reposar.
- En un cuenco, mezcle el queso ricota, el huevo y la nuez moscada. Deje reposar.
- Extienda un poco de salsa de tomate, sin la carne, en el fondo y a los lados de una bandeja rectangular para hornear de 10" x 15". Cubra el fondo de la bandeja con láminas de pasta y rocíe con Adobo y estragón. Cubra la bandeja (en este orden) con la mezcla de queso ricota, espinacas frescas, queso mozarela y una fina capa de salsa de carne. Repita dos veces más en el mismo orden. Entre cada capa, rocíe con Adobo y estragón.
- Cubra la capa superior con una capa gruesa de salsa de carne y el resto del cilantro. Rocíe encima de la salsa de carne algo de mozarela y de queso rallado. La bandeja deberá estar rebosante.
- Cubra el plato con aluminio y hornee por 25-30 minutos a 375°. Destape y hornee por otros 20 minutos.
- Deje reposar antes de servir.

6–8 raciones

Aunque se la considera italiana, se cree que los fideos de **lasaña** tuvieron origen en la Grecia Antigua –siendo uno de los primeros tipos de pasta. A pesar de que el plato es considerado de Nápoles, Italia, ya en el siglo XVII, durante el medioevo, se registra en Gran Bretaña una de las primeras recetas (sin tomate, pues estos, cultivados por los aztecas, fueron dados a conocer por Colón en Europa más tarde). Consistente en láminas de pasta que se alternan con carne y/o vegetales, queso fundido y salsa de tomate, la lasaña continúa siendo, hasta el día de hoy, uno de los platos más sustanciosos en el mundo.

Nutrición por ración y % de valores diarios (basado en 8 raciones): 780 Calorías / Grasa total: 30,3 g (39 %) / Grasas saturadas: 9,4 g (47 %) / Colesterol: 175 mg (58 %) / Sodio: 1145 mg (50 %) / Carbohidratos totales: 76,6 g (28 %) / Fibra dietética: 7,6 g (27 %) / Azúcares totales: 12,3 g / Proteína: 59,3 g / Vitamina D: 2 mcg / Calcio: 455 mg / Hierro: 8 mg / Potasio: 1144 mg

*While considered Italian, the **lasagna** noodle is thought to have originated in Ancient Greece as one of the first known types of pasta. Though the dish has been attributed to Naples, Italy, in the 17th Century, one of its first recipes (without tomatoes) was recorded in Britain during the Middle Ages (tomatoes, developed by the Aztecs, were introduced later to Europe by Columbus). Made of sheets of noodles alternating with meats and/or vegetables, melted cheese, and tomato sauce, lasagna continues to be, to this day, one of the most satisfying Italian dishes in the world.*

Nutrition per Serving & Daily Value % (based on 8 servings): 780 Calories/ Total Fat: 30.3 g (39%)/ Saturated Fat: 9.4 g (47%)/ Cholesterol: 175 mg (58%)/ Sodium: 1145 mg (50%)/ Total Carbohydrate: 76.6 g (28%)/ Dietary Fiber: 7.6 g (27%)/ Total Sugars: 12.3 g/ Protein: 59.3 g/ Vitamin D: 2 mcg/ Calcium: 455 mg/ Iron: 8 mg/ Potassium: 1144 mg

Italian Lasagna with Turkey

15-18 lasagna noodles
4 Tbsp. olive oil
1 cup red onion, chopped
8 cloves garlic, minced
1.3 lbs. (28.8 oz.) ground turkey
1 can (14.5 oz.) diced fire-roasted tomatoes
1 jar marinara sauce or 1 (29 oz.) can tomato sauce

1 Tbsp. fennel seed, ground
1 Tbsp. dried basil
2 Tbsp. dried oregano
1 tsp. crushed red pepper
3 cups fresh cilantro, chopped
Salt and pepper to taste
1 (32 oz.) container of low-fat ricotta cheese (e.g. Galbani)

1 egg, lightly beaten
1 Tbsp. nutmeg, ground
4 cups fresh spinach
1 Tbsp. Adobo seasoning
2 Tbsp. dried tarragon
4 cups (1 lb.) shredded part-skim mozzarella cheese
1 cup grated Parmesan or 4-cheese blend

- Preheat oven to 375°
- In a large pot, boil the noodles in salted water until slightly soft, for about 10 minutes. Drain and set aside.
- In a large, deep frying pan, heat the olive oil over medium heat. Add the onion and garlic, and sauté for a few minutes. Add the turkey and sauté until lightly browned. Add the tomatoes and tomato sauce. Stir in the fennel seed, basil, oregano, half of the cilantro, salt, and crushed red pepper. Simmer for 10 minutes and set aside.
- In a bowl, mix the ricotta cheese, egg, and nutmeg. Set aside.
- Spread some tomato sauce without the meat thinly over the bottom and sides of a rectangular 10" x 15" baking dish. Cover the bottom of the dish with noodles, and sprinkle with adobo seasoning and tarragon. Layer the dish (in order) with the ricotta mixture, fresh spinach, mozzarella cheese, and a thin amount of meat sauce. Repeat the layering twice more in the same order. Between each layer, add a sprinkling of adobo seasoning and tarragon.
- For the top layer, cover the dish with a thick layer of the meat sauce and remaining cilantro. Then sprinkle some mozzarella and the grated cheese on top of the meat sauce and finish with the remaining cilantro. The dish should be full.
- Cover dish with foil and bake for 25-30 minutes at 375°. Uncover and bake for another 20 minutes.
- Let stand before serving.

Serves 6–8

Pasta primavera italiana

2 tazas de pasta penne
  (ej., Barilla Veggie)
4 cucharadas de aceite de oliva
½ cebolla roja grande, cortada
6 dientes de ajo, picados
½ pimiento rojo, sin corazón ni
  semillas, cortado en dados
2 tazas de brócoli

10 tallos de espárragos, sin punta,
  cortados en pedazos de 2"
1 taza de guisantes
1 tomate, cortado en dados
  (o 10 tomates cherry, cortados
  a la mitad)
2 cucharadas de estragón seco
  (o 4 ramitas de estragón fresco)

6-8 hojas de albahaca fresca,
  picoteadas
1 taza de perejil italiano, cortado
1 taza de caldo de pollo o verduras
2 tazas de crema de leche
Sal y pimienta molida en trozos
  grandes, a gusto
Queso parmesano rallado

- En una olla grande, hierva 3 cuartos de galón de agua con sal y cocine la pasta penne hasta que esté blanda, pero firme, o "al dente" (no recueza la pasta). Deje reposar.
- En una sartén de 12", caliente el aceite de oliva y añada la cebolla, el ajo y los guisantes. Saltee por 5 minutos, o hasta que esténlieramt suaves. Mezcle el pimiento rojo, los espárragos, el brócoli y el tomate. Saltee hasta que estén blandos. Añada elestragón, el perejil y la albahaca.
- Añada la crema de leche, el caldo y 2 cucharadas de queso parmesano rallado. Cocine a fuego lento por 5 minutos, hasta que la salsa esté densa (si es necesario, espese la salsa rociándola con harina).
- Vierta la mezcla de vegetales sobre la pasta y mézclela. Espolvoree con queso parmesano.

6-8 raciones

Pasta primavera *es también el nombre italiano de este plato de fideos (de cualquier tipo), relativamente moderno, que mezcla una saludable variedad de vegetales frescos –incluyendo espárragos, zapallito, calabaza, guisantes, brócoli y/o zanahorias– crema y queso rallado. Fue creado en los años setenta por unos chefs del famoso restaurant de Nueva York Le Cirque, y se ha convertido en un clásico del mundo gastronómico.*

Nutrición por ración y % de valores diarios (basado en 8 raciones): 539 calorías / Grasa total: 27 g (35 %) / Grasas saturadas:11,5 g (57 %) / Colesterol: 97 mg (32 %) / Sodio: 895 mg (39 %) / Carbohidratos totales: 55,6 g (20 %) / Fibra dietética: 2,9 g (10 %) / Azúcares totales: 4,4 g / Proteína: 22,4 g / Calcio: 390 mg / Hierro: 4 mg / Potasio: 688 mg

Italian Pasta Primavera

2 cups penne (e.g. Barilla Veggie)
4 Tbsp. olive oil
½ large red onion, chopped
6 cloves garlic, minced
½ red bell pepper, cored & seeded, diced
2 cups broccoli florets

10 asparagus spears, ends trimmed, cut into 2" pieces
1 cup green peas
1 tomato, diced (or 10 cherry tomatoes, sliced in two)
2 Tbsp. dried tarragon, (or 4 sprigs fresh tarragon)

8-10 fresh basil leaves, shredded
1 cup Italian parsley, chopped
1 cup chicken or vegetable stock
2 cups half & half cream
Salt & coarsely ground pepper to taste
Grated Parmesan cheese

- In a large pot, boil 3 quarts of salted water, and cook the penne until lightly soft but firm – or al dente (do not overcook pasta). Set aside.
- In a deep 12" frying pan, heat the olive oil and add the onion, garlic, and peas, and sauté for 5 minutes until just tender. Stir in the red pepper, asparagus, broccoli, and tomato, and sauté until slightly soft. Add the tarragon, parsley, and basil.
- Add the half & half cream, the stock, and 2 Tbsp. of the grated Parmesan cheese. Simmer for 5 minutes until the sauce thickens (if necessary, thicken sauce with a sprinkling of flour).
- Pour vegetable mixture over the pasta and toss. Sprinkle with Parmesan cheese.

Serves 6–8

Pasta Primavera, *which translates as "Spring Pasta," is a relatively modern dish of noodles (of any choice), mixed with a healthy variety of fresh vegetables – including asparagus, zucchini, squash, peas, broccoli, and/or carrots – cream, and grated cheese. Originally created in the 1970s by chefs of New York's famous restaurant, Le Cirque, it has become a signature dish of the culinary world.*

Nutrition per Serving & Daily Value % (based on 8 servings): 539 Calories/ Total Fat: 27 g (35%)/ Saturated Fat: 11.5 g (57%)/ Cholesterol: 97 mg (32%)/ Sodium: 895 mg (39%)/ Total Carbohydrate: 55.6 g (20%)/ Dietary Fiber: 2.9 g (10%)/ Total Sugars: 4.4 g/ Protein: 22.4 g/ Calcium: 390 mg/ Iron: 4 mg/ Potassium: 688 mg

Fajitas mexicanas

4 cucharadas de aceite de oliva
3 cucharaditas de orégano seco
3 cucharaditas de comino molido
1 cucharadita de hojuelas de pimiento rojo picante
¼ de taza de ajo, picado
1 cucharadita de azúcar
2 cucharadas de jugo de limón
2 cucharadas de salsa Worcestershire

1 cucharada de maicena o harina
1 cucharadita de pimentón ahumado
2 pechugas de pollo, sin hueso y cortadas en tiras de ¾"
1 cebolla, pelada y cortada en tiras de ½"
3 pimientos (de varios colores), sin corazón ni semillas, cortados en tiras de ½"

Sal y pimienta
8-12 tortillas de maíz (ej., Mission Organics)
1 taza de cilantro fresco, cortado
2 aguacates, pelados y rebanados en tiras
1 taza de salsa (ej., Pico de Gallo)
1 taza de mezcla de 4 quesos, rallados 1 taza de crema (agria)

*Servida con tortillas calientes y condimentos como aguacate, queso rallado, salsa picante y crema, el plato original de **fajitas** fue cocinado con tiras de arrachera asadas que se ofrecían a los vaqueros mexicanos como parte del pago por trabajar en los ranchos de la frontera tejano-mexicana. Descubierto por los cocineros y los dueños de restaurantes, este plato se extendió a otras partes de Texas y, después, a todo el país. Hoy se sirve también con pollo, pescado y/o varios vegetales muy nutritivos.*

- En un cuenco grande, prepare una marinada con dos cucharadas de aceite de oliva, orégano, comino, hojuelas de pimiento picante, ajo, azúcar, jugo de limón, salsa Worcestershire, maicena y pimentón.
- Condimente el pollo, la cebolla y los pimientos con sal y pimienta, y añádalos a la marinada.
- Mezcle todos los ingredientes, cubriéndolos bien con la salsa, y colóquelos en la nevera por lo menos durante dos horas, en una bolsa de plástico o en un cuenco tapado.
- Recubra una sartén grande con el aceite de oliva restante y caliéntela a fuego medio-alto.
- Saque el pollo de la nevera y sepárelo de los vegetales. Saltee el pollo por 5-8 minutos a fuego alto, hasta que esté dorado (pero rosado en la parte interior), y retírelo de la sartén. Deje reposar.
- En la misma sartén, saltee la cebolla y los pimientos a fuego medio-alto, hasta que estén blandos.
- Regrese el pollo a la sartén y saltéelo a fuego medio con los otros vegetales, por 3-5 minutos, hasta que el pollo esté cocinado completamente (sin que quede recocido) y los vegetales un poco más blandos.

Para las tortillas:
- Caliente el horno a 250°. En una sartén pequeña, caliente las tortillas una a una sobre fuego medio-alto, por cada lado, hasta que estén doradas. Dóblelas en dos y colóquelas sobre papel de aluminio. Repita este proceso con todas las tortillas, y póngalas en el horno para mantenerlas calientes.
- Cuando estén listas para servir, tome la mezcla de pollo y vegetales con una cuchara y póngala dentro de la tortilla doblada, decórela con cilantro, queso, salsa, crema y aguacate.

6–8 raciones

Nutrición por ración y % de valores diarios (basado en 8 raciones): 486 calorías / Grasa total: 34,5 g (44 %) / Grasas saturadas: 13,3 g (67 %) / Colesterol: 59 mg (20 %) / Sodio: 416 mg (18 %) / Carbohidratos totales: 26,6 g (10 %) / Fibra dietética: 6,7 g (24 %) / Azúcares totales: 5,1 g / Proteína: 22,6 g / Vitamina D: 33 mcg / Calcio: 316 mg / Hierro: 4 mg / Potasio: 619 mg

Eaten with warm tortillas and condiments such as avocado, grated cheese, hot sauce and sour cream, the original **fajita**s dish was made with grilled strips of skirt steak and offered to Mexican cowboys known as "vaqueros" as part of their wages for ranch work on the Texas-Mexico border. Discovered by cooks and restaurant owners, the dish eventually spread to other parts of Texas and across the country. Today, it is also served with chicken, fish and/or a variety of nutritious vegetables.

Mexican Fajitas

4 Tbsp. olive oil
3 tsp. dried oregano
3 tsp. cumin, ground
1 tsp. red pepper flakes
¼ cup garlic, minced
1 tsp. sugar
2 Tbsp. lime juice
2 Tbsp. Worcestershire sauce
1 Tbsp. cornstarch or flour

1 tsp. smoked paprika
2 boneless chicken breasts, cut into ¾" strips
1 red onion, peeled & cut into ½" strips
3 bell peppers (various colors), cored and seeded, cut into ½" strips
Salt and pepper

8-12 flour tortillas (e.g. Mission Organics)
1 cup fresh cilantro, chopped
2 avocados, peeled & sliced into strips
1 cup salsa (e.g. Pico de Gallo)
1 cup grated 4-Cheese blend
1 cup sour cream

Nutrition per Serving & Daily Value % (based on 8 servings): 486 Calories/ Total Fat: 34.5 g (44%)/ Saturated Fat: 13.3 g (67%)/ Cholesterol: 59 mg (20%)/ Sodium: 416 mg (18%)/ Total Carbohydrate: 26.6 g (10%)/ Dietary Fiber: 6.7 g (24%)/ Total Sugars: 5.1 g/ Protein: 22.6 g/ Vitamin D: 33 mcg/ Calcium: 316 mg/ Iron: 4 mg/ Potassium: 619 mg

- In a large bowl, prepare a marinade with 2 Tbsp. of olive oil, the oregano, cumin, red pepper flakes, garlic, sugar, lime juice, Worcestershire sauce, cornstarch, and paprika.
- Season the chicken, onion, and bell peppers with salt and pepper, and add them to the marinade.
- Mix all the ingredients together, coating them well with the sauce, and place them in a plastic bag or covered bowl in the refrigerator for up to 12 hours.
- Coat a large frying pan with the remaining olive oil, and heat the skillet over medium-high heat.
- Take the chicken out of the refrigerator and separate it from the vegetables. Sauté the chicken for 5- 8 minutes over high heat until golden brown on the outside (but still pink on the inside), and remove it from the frying pan. Set the chicken aside.
- In the same pan, sauté the onion and bell peppers over medium-high heat until slightly soft.
- Return the chicken to the pan, and sauté it with the other vegetables over medium heat for 3-5 minutes until chicken is cooked through (do not overcook), and the vegetables are a bit softer.

For the Tortillas:
- Heat the oven to 250°. In a small frying pan, warm the tortillas one at a time over medium-high heat on both sides until browned. Fold them in two and place them in a sheet of aluminum foil. Repeat with all the tortillas, and put them with the foil in the oven to keep warm.
- When ready to serve, scoop the chicken and vegetable mixture into the tortilla pocket, and garnish it with cilantro, cheese, salsa, sour cream, and avocado.

Serves 6–8

Huevos rancheros mexicanos

3 cucharadas de aceite de oliva
2 dientes de ajo, picados
⅓ tazas de chalote, cortado en dados
⅓ taza de pimiento rojo, sin corazón ni semillas, cortado en dados

⅓ taza de zapallito, cortado en dados
⅓ taza de cilantro, cortado
1 lata (16 oz) de frijoles pintos bajos en sodio
1 taza de salsa (ej., Pico de Gallo)
½ taza de salsa de tomate

4-6 huevos
1 cucharadita de albahaca seca
1 cucharadita de tomillo seco
1 cucharadita de condimento de adobo
Sal y pimienta a gusto
12 tortillas de maíz

- Caliente el aceite de oliva en una sartén de 12" a fuego medio. Añada a la sartén el ajo, los chalotes, el pimiento, el zapallito y el cilantro y saltee los vegetales hasta que se ablanden ligeramente. Mezcle los frijoles pintos, la salsa, la salsa de tomate, la albahaca, el tomillo y el condimento de adobo y cocine los ingredientes por 3-5 minutos.
- Precaliente el horno a 250° y, en una sartén pequeña, caliente las tortillas individualmente a fuego medio-alto por ambas caras, hasta que se doren. Envuelva las tortillas en papel de aluminio y colóquelas en el horno, hasta queestén listas para servir.

Opción 1/ Huevos escalfados:
- Con una cuchara, haga un hueco en una sección de la mezcla de frijoles. Rompa un huevo y colóquelo en el huecoen la sartén. Repita el proceso con los huevos restantes, uno cada vez.
- Cubra la sartén y cocine los huevos en la mezcla, hasta que las claras estén firmes, pero las yemas estén todavía líquidas (escalfadas).

Opción 2/ Huevos fritos:
- Caliente un poco de aceite en una sartén aparte a fuego medio y fría los huevos con la yema hacia arriba (o como guste). Coloque los huevos encima de la mezcla de tomate y frijoles.

- Retire las tortillas del horno y sírvalas con el plato.

4–6 raciones

Los **huevos rancheros** se sirven generalmente en el desayuno o almuerzo como un plato de huevos fritos con vegetales y frijoles sobre tortillas de maíz. Se piensa que este plato se originó cuando los vaqueros trabajaban en las granjas de México. A menudo, es servido con papas, arroz y otros condimentos. Estos "huevos de ranchero" son conocidos, en muchas variantes, a través de todo el sudoeste americano. Esta receta ofrece la opción de cocinar los huevos escalfados o fritos.

Nutrición por ración y % de valores diarios (basado en 6 raciones): 191 calorías / Grasa total: 10,6 g (14 %) / Grasas saturadas: 2 g (10 %) / Colesterol: 109 mg (36 %) / Sodio: 335 mg (15 %) / Carbohidratos totales: 16,6 g (6 %) / Fibra dietética: 4,7 g (17 %) / Azúcares totales: 0,8 g / Proteína: 8,6 g / Vitamina D: 10 mcg / Calcio: 66 mg / Hierro: 2 mg / Potasio: 279 mg

Mexican Huevos Rancheros

3 Tbps. olive oil
2 garlic cloves, minced
⅓ cup scallions, diced
⅓ cup red bell pepper,
   cored & seeded, diced
⅓ cup zucchini, diced

⅓ cup cilantro, chopped
1 can (16 oz.) low sodium
   pinto beans
1 cup prepared salsa
   (e.g. Pico de Gallo)
½ cup tomato sauce

4-6 eggs
1 tsp. dried basil
1 tsp. dried thyme
1 tsp. adobo seasoning
Salt & pepper to taste
12 corn tortillas

- Heat the olive oil over medium heat in a 12" frying pan. Add garlic, scallions, bell pepper, zucchini and cilantro to the pan, and sauté vegetables until slightly soft. Stir in the pinto beans, salsa, tomato sauce, basil, thyme, and adobo seasoning, and cook ingredients for 3-5 minutes.
- Preheat the oven to 250*, and in a small frying pan, warm the tortillas one at a time over medium-high heat on both sides until browned. Wrap the tortillas in aluminum foil, and place them in the oven until ready to serve.

Option 1/ Poached Eggs:

- Make a hole in a section of the bean mixture with a tablespoon. Crack one egg and slide it into the hole in the pan. Repeat the process with the remaining eggs, dropping in one egg at a time.
- Cover the pan and cook the eggs in this mixture until the egg whites become solid, but the yolks are still runny (poached).

Option 2/ Fried Eggs:

- Heat some oil in a separate pan over medium heat and fry the eggs sunny side up (or as desired). Place the eggs over the tomato-bean mixture.

- Remove the tortillas from the oven and serve them with the dish.

Serves 4–6

Huevos Rancheros, usually offered for breakfast or lunch as a dish of fried eggs with vegetables and beans over corn tortillas, is thought to have originated with cowboys working the farms in Mexico. Often served with potatoes, rice, and other condiments, these "rancher's eggs" are well-known throughout the American Southwest – with many variations. This particular recipe features an option to cook the eggs as either poached or fried.

Nutrition per Serving & Daily Value % (based on 6 servings): 191 Calories/ Total Fat: 10.6 g (14%)/ Saturated Fat: 2 g (10%)/ Cholesterol: 109 mg (36%)/ Sodium: 335 mg (15%)/ Total Carbohydrate: 16.6 g (6%)/ Dietary Fiber: 4.7 g (17%)/ Total Sugars: 0.8 g/ Protein: 8.6 g/ Vitamin D: 10 mcg/ Calcium: 66 mg/ Iron: 2 mg/ Potassium: 279 mg

Mezes del Medio Oriente

En el Medio Oriente, estos tres platos se consumen en muchas comidas. El **humus**, que es una pasta de garbanzos –uno de los primeros cultivos de Mesopotamia– cocinados y mezclados con pasta de ajonjolí, datan de la Palestina antigua. Fue también una comida popular entre los griegos y romanos, elogiada por su valor nutricional. Hoy se come a menudo mezclado con otros vegetales, y servido con pan pita. El **Baba Ghanoush** –que quiere decir "papá mimado"– es un plato de berenjenas cocinadas, horneadas o asadas. Bajo en calorías y alto en fibra, es saludable y sacía el apetito. Las **dolmas** (llamadas "dolmades" en Grecia) son un plato común en los países del Mediterráneo y Asia central. Apreciadas por su sabor único, también son una gran fuente de nutrientes. Servidas calientes o frías, las hojas de viña pueden rellenarse con mezclas saladas o dulces, desde arroz con calabacín, cebollas y pimientos hasta arroz con carne, fruta y nueces.

HUMUS:

2 latas (de 15,5 oz) de garbanzos (enjuagados y escurridos)
2-3 cucharadas de tahini (ej., Joyva Sesame Tahini)
Jugo de 3 a 4 limones

1-2 cucharaditas de ajo molido
½ taza de aceite de oliva
1 cucharadita de sal

• Mezcle todos los ingredientes en una licuadora hasta que estén suaves. Sírvalos con triángulos de pan de pita.

BABA GHANOUSH:

2 berenjenas
2-3 cucharadas de tahini (ej., Joyva Sesame Tahini)
Jugo de 3 limones
1 cucharadita de sal

1 cucharada de ajo, molido
¼ de taza de aceite de oliva (y un poquito más para el aliño)

• Precaliente el horno a 425°.
• Descarte las puntas de las berenjenas y córtelas por la mitad, a lo largo. Aliñe con aceite una bandeja de hornear y coloque las mitades de las berenjenas en la bandeja, con la piel hacia arriba. Unte la piel de las berenjenas con aceite de oliva. Hornee a 425° por 30-40 minutos, hasta que las berenjenas estén doradas en laparte inferior. Deje enfriar por 30 minutos.
• Saque con una cuchara la pulpa de las berenjenas y colóquela en la batidora, con los otros ingredientes (tahini, jugo de limón, ajo yaceite). Mezcle hasta que esté suave. Sirva con triángulos de pan de pita.

10–12 raciones

DOLMAS VEGETARIANAS:

550 hojas de viña, enjuagadas y escurridas (ej., Krinos)
1 ½ de taza de arroz
3 tazas de agua
½ taza de aceite de oliva (y un poquito más para el aliño)

2 cebollas, picadas
1 cucharada de eneldo seco
2 cucharadas de menta seca
1 cucharadita de orégano seco
1 cucharada de sal
Jugo de 2 limones

• Si las hojas de viña tienen tallo, córteselo en el extremo de la hoja. Use cualquier hoja dañada para rellenar los huecos cuando enrolle las dolmas más tarde.
• En una olla, hierva el agua y añada el arroz y la sal. Cúbrala y cocine a fuego lento por 20 minutos. Deje reposar
• En una sartén, fría las cebollas en aceite de oliva a fuego medio, hasta que estén ligeramente doradas. Añada las cebollas al arroz en la olla y, revolviendo, agregue el eneldo, la menta, el orégano y la sal. Deje reposar hasta que este frío al tacto.
• Extienda cada hoja de viña con la parte de las venas hacia arriba. Tome una cucharadita colmada de la mezcla de arroz, dele forma de óvalo y colóquela sobre el extremo de la hoja. Doble los lados de la hoja,manteniendo el relleno de arroz adentro, y enrolle hasta formar un cilindro.
• En una bandeja de hornear rectangular, coloque las hojas de viña, una al lado de otra. Monte dos o tres filas, una sobre la otra. Rocíelas con aceite de oliva y jugo de limón. Añada 1 taza de agua y cúbralas hermética mente con papel de aluminio.
• Hornee las hojas de viña a 375° por 1 hora y 15 minutos.

Humus: *Nutrición por ración y % de valores diarios (basado en 12 raciones): 109 calorías / Grasa total: 10 g (13 %) / Grasas saturadas: 1,5 g (8 %) / Colesterol: 0 mg (0 %) / Sodio: 258 mg (11 %) / Carbohidratos totales: 4,3 g (2 %) / Fibra dietética: 1,5 g (5 %)/ Azúcares totales: 0,3 g / Proteína: 1,7 g / Vitamina D: 0 mcg / Calcio: 19 mg / Hierro: 1 mg / Potasio: 31 mg*

Baba Ghanoush: *Nutrición por ración y % de valores diarios (basado en 12 raciones): 78 calorías / Grasa total: 5,8 g (7 %) / Grasas saturadas: 0,9 g (4 %) / Colesterol: 0 mg (0 %) / Sodio: 201 mg (9 %) / Carbohidratos totales: 6,4 g (2 %) / Fibra dietética: 3,5 g (13 %) / Azúcares totales: 3 g / Proteína: 1,5 g / Vitamina D: 0 mcg / Calcio: 21 mg / Hierro: 0 mg / Potasio: 237 mg*

Dolmas: *Nutrición por ración y % de valores diarios (basado en 12 raciones): 178 calorías / Grasa total: 8,6 g (11 %) / Grasas saturadas: 1,2 g (6 %) / Colesterol: 0 mg (0 %) / Sodio: 794 mg (35 %) / Carbohidratos totales: 21,2 g (8 %) / Fibra dietética: 0,9 g (3 %) / Azúcares totales: 1,8 g / Proteína: 2 g / Vitamina D: 0 mcg / Calcio: 22 mg / Hierro: 1 mg / Potasio: 80 mg*

In the Middle East, these three dishes are staples at many meals. **Hummus**, *a dip of cooked chickpeas – one of the earliest crops in Mesopotamia – and tahini sesame paste, can be traced back to ancient Palestine. It was also a common food among the Greeks and Romans, celebrated for its nutritional value. Today, it is often blended with other vegetables and served with pita bread.* **Baba Ghanoush** *– meaning "pampered daddy" – is an eggplant dish that can be cooked, baked or grilled. Low in calories and high in fiber, it is healthy and filling.* **Dolmas** *(called "dolmades" in Greece) are a popular food in the Mediterranean and Central Asian countries. Known for their unique taste, they are also a good source of nutrients. Served hot or cold, the grape leaves can be stuffed with a variety of savory or sweet mixtures, from rice with zucchini, bell peppers, and onions, to rice with meat, fruit, and nuts.*

Middle Eastern Mezes

HUMMUS:

2 (15.5 oz.) cans garbanzo beans, rinsed & drained
2-3 Tbsp. tahini (e.g. Joyva Sesame Tahini)

Juice of 3-4 lemons
1-2 tsp. garlic, minced
½ cup olive oil
1 tsp. salt

- Blend all ingredients together in a blender until very smooth. Serve with triangles of pita bread.

BABA GHANOUSH:

2 eggplants
2-3 Tbsp. tahini (e.g. Joyva Sesame Tahini)
Juice of 3 lemons

1 tsp. salt
1 Tbsp. garlic, minced
¼ cup olive oil (plus extra for drizzling)

- Preheat oven to 425°.
- Cut the ends of the eggplants and slice them in half lengthwise. Drizzle oil on the cookie sheet and place the eggplant halves skin side up. Rub extra olive oil on the eggplant skins. Bake at 425° for 30-40 minutes until browned on the bottom. Cool for 30 minutes.
- Scoop out the eggplant flesh from the skins and put it in a blender with the other ingredients (tahini, lemon juice, garlic, oil). Blend until smooth. Serve with triangles of pita bread.

Serves 10-12

VEGETARIAN DOLMAS:

50 grape leaves, rinsed & drained (e.g. Krinos)
1½ cups rice
3 cups water
½ cup olive oil plus extra for drizzling

2 onions, chopped
1 Tbsp. dried dill
2 Tbsp. dried mint
1 tsp. dried oregano
1 Tbsp. salt
Juice of 2 lemons

- If stems remain on the grape leaves, cut them off at the end of the leaf. Use any damaged leaves to fill in missing spots when rolling the dolmas later.
- In a pot, boil the water and add the rice and salt. Cover and cook on low heat for 20 minutes. Set aside.
- In a frying pan, sauté the onions in the olive oil over medium heat until slightly browned. Add the onions to the rice in the pot and stir in the dill, mint, oregano, and salt. Let the rice mixture sit until cool to the touch.
- Lay each grape leaf flat with the vein side up. Take a heaping teaspoon of the rice mixture, shape it into an oval, and place it toward the bottom of the leaf. Fold the sides of each leaf, tucking in the rice filling, and roll the leaf forward into a clean cylinder.
- In a rectangular baking dish, place the stuffed grape leaves close together in rows. Stack the rows 2 to 3 deep in the dish. Sprinkle some olive oil and the lemon juice on top of them. Pour 1 cup of water over the rows and cover tightly with foil.
- Bake the grape leaves at 375° for 1 hour and 15 minutes.

Hummus: Nutrition per Serving & Daily Value % (based on 12 servings): 109 Calories/ Total Fat: 10 g (13%)/ Saturated Fat: 1.5 g (8%)/ Cholesterol: 0mg (0%)/ Sodium: 258 mg (11%)/ Total Carbohydrate: 4.3 g (2%)/ Dietary Fiber: 1.5 g (5%)/ Total Sugars: 0.3 g/ Protein: 1.7 g/ Vitamin D: 0 mcg/ Calcium: 19 mg/ Iron: 1 mg/ Potassium: 31 mg

Baba Ghanoush: Nutrition per Serving & Daily Value % (based on 12 servings): 78 Calories/ Total Fat: 5.8 g (7%)/ Saturated Fat: 0.9 g (4%)/ Cholesterol: 0 mg (0%)/ Sodium: 201 mg (9%)/ Total Carbohydrate: 6.4 g (2%)/ Dietary Fiber: 3.5 g (13%)/ Total Sugars: 3 g/ Protein: 1.5 g/ Vitamin D: 0 mcg/ Calcium: 21 mg/ Iron: 0 mg/ Potassium: 237 mg

Dolmas: Nutrition per Serving & Daily Value % (based on 12 servings): 178 Calories/ Total Fat: 8.6 g (11%)/ Saturated Fat: 1.2 g (6%)/ Cholesterol: 0 mg (0%)/ Sodium: 794 mg (35%)/ Total Carbohydrate: 21.2 g (8%)/ Dietary Fiber: 0.9 g (3%)/ Total Sugars: 1.8 g/ Protein: 2 g/ Vitamin D: 0 mcg/ Calcium: 22 mg/ Iron: 1 mg/ Potassium: 80 mg

Tagine marroquí con pollo

*El **tagine** es uno de los platos marroquíes más famosos. Se cree que fue inventado por las tribus bereberes norafricanas en el siglo VIII a. de C., y que fue evolucionando gracias al comercio de especias, las numerosas conquistas árabes y la ocupación europea. Tiene fama de ser un delicioso plato de carne, pollo o pescado combi-nados con fruta fresca o seca y diversos vegetales, nueces y especias aromáticas. También es famoso por la cerámica tradicional de forma cónica en que se cocina, práctica que se remonta varios milenios atrás. El tagine se sirve sobre una base de cuscus, que es un plato muy admirado también y se prepara a base de sémola de trigo durum triturada.*

4 cucharadas de aceite de oliva
¼ cucharaditas de cúrcuma
¼ cucharadita de canela
1 cebolla, cortada1
½ cucharada de jengibre, molido o rallado
2 dientes de ajo, picados
2 ½ lb de muslos de pollo

4 a 5 tomates, cortados en cuartos
2 tazas de caldo de pollo o agua
2 zanahorias, cortadas en pedazos de 1"
2 papas dulces, cortadas en pedazos de 2"
1 berenjena, cortada en rodajas de 2"

2 zapallitos, en rodajas
1 lata (15,5 oz) de garbanzos
¼ taza de pasas
2 pimientos jalapeños, cortados en rodajas
½ taza de menta fresca, cortada (opcional)
Sal y pimienta
1 caja de cuscús (ej., Near East o similar)

- En una olla grande, caliente el aceite y saltee ligeramente la cebolla, el ajo, el jengibre, la cúrcuma y la canela. Añada el pollo, los tomates y tape la olla.
- Lleve la mezcla a ebullición y reduzca el fuego. Cocine a fuego lento por 10 minutos.
- Vierta el caldo de pollo o agua y, mientras revuelve, añada las zanahorias y las papas dulces. Deje que la mezcla hierva a fuego lento por 20 minutos.
- Continúe revolviendo mientras añade el resto de los vegetales, uno a uno. Añada sal y pimienta y cocine a fuego lento por otros 10 minutos. Rocíe con la menta cortada y sirva sobre el cuscús. Opcional: añada pedazos de coliflor, brócoli, pimientos o cualquier otro vegetal de temporada.
- Para el cuscús: siga las instrucciones de la caja o recipiente comercial.

4–6 raciones

Nutrición por ración y % de valores diarios (basado en 6 raciones): 550 calorías / Grasa total: 19,6 g (25 %) / Grasas saturadas: 4,1 g (21 %) / Colesterol: 126 mg (42 %) / Sodio: 343 mg (15 %) / Carbohidratos totales: 44 g (16 %) / Fibra dietética: 10 g (36 %) /Azúcares totales: 11,3 g / Proteína: 50 g / Vitamina D: 0 mcg / Calcio: 92 mg / Hierro: 4 mg / Potasio: 1269 mg

Tagine, one of Morocco's most famous dishes, is believed to have evolved out of the Berber tribes of North Africa around the 8th century BC, and been shaped over time by the spice trade, numerous Arab conquests, and various European occupations. Known as a delicious meal of meat, chicken or fish, fresh or dried fruit, a variety of vegetables, nuts, and aromatic spices, it is equally notable for the traditional cone-shaped ceramic dishware in which it is actually cooked – a practice going back several thousand years. Tagine is often served over a bed of couscous – a type of semolina made from crushed durum wheat, and a renowned dish in its own right.

Moroccan Tagine with Chicken

4 Tbsp. olive oil
¼ tsp. turmeric
¼ tsp. cinnamon
1 onion, chopped
1 ½ Tbsp. ginger, minced or grated
2 cloves garlic, minced
2 ½ lb. chicken thighs

4 to 5 tomatoes, cut into quarters
2 cups chicken stock or water
2 carrots, cut into 1" pieces
2 sweet potatoes, cut into 2" chunks
1 eggplant, sliced and cut into 2" chunks
2 zucchinis, sliced

1 (15.5 oz.) can of chickpeas
¼ cup raisins
2 jalapeño peppers, sliced
½ cup fresh mint, chopped (optional)
Salt & pepper
1 box couscous (e.g. Near East) or similar

- In a large saucepan, heat the oil and lightly sauté the onion, garlic, ginger, turmeric, and cinnamon. Add the chicken, then the tomatoes, and cover with a lid.
- Bring the mixture to a boil and reduce the heat. Let it simmer on low heat for about 10 minutes.
- Pour in the chicken stock or water, and while stirring, add the carrots and sweet potatoes. Let the mixture simmer for about 20 minutes.
- Continue stirring while adding the remaining vegetables one at a time. Add salt and pepper and cook on low heat for another 10 minutes. Sprinkle with chopped mint and serve over couscous. Optional: add pieces of cauliflower, broccoli, sweet peppers or any seasonal vegetable.

- For the couscous: follow directions on the store-bought box or container.

Serves 4–6

Nutrition per Serving & Daily Value % (based on 6 servings): 550 Calories/ Total Fat: 19.6 g (25%)/ Saturated Fat: 4.1 g (21%)/ Cholesterol: 126 mg (42%)/ Sodium: 343 mg (15%)/ Total Carbohydrate: 44 g (16%)/ Dietary Fiber: 10 g (36%)/ Total Sugars: 11.3 g/ Protein: 50 g/ Vitamin D: 0 mcg/ Calcium: 92 mg/ Iron: 4 mg/ Potassium: 1269 mg

Jambalaya de Nueva Orleans

2 cucharadas de aceite
1 cebolla, cortada
1 pimiento verde, sin corazón
  ni semillas, cortado
3 tallos de apio, cortados
2 dientes de ajo, en rodajas finas
½ lb de salchicha de pollo
  Andouille, cortada en rodajas

1 taza de arroz
2 ½ tazas de agua
1 lata (14,5 oz) de tomates en
  trozos
1 cucharadita de pimentón
½ cucharadita de salsa
  picante, o a gusto

1 cucharadita de orégano seco
1 hoja de laurel
Sal y pimienta
1 lb de camarones, pelados y
  desvenados
1 taza de chalotes, cortados

- En una olla profunda, caliente el aceite y mezcle el pimiento, el apio, la cebolla, el ajo y la salchicha. Saltee por 5 minutos, hasta que los vegetales se suavicen.
- Añada el arroz y vierta el agua poco a poco, 1 cucharada de sal, los tomates y los condimentos. Continúe revolviendo y lleve a hervor. Cubra, baje el fuego y cocine por 20 minutos.
- Agregue los camarones y cocine por 5 minutos.
- Adorne con los chalotes.

4–6 raciones

El **jambalaya**, el plato distintivo de Nueva Orleans, se desarrolló gracias a la combinación de la paella española –con sus ingredientes característicos de pollo, marisco, vegetales y arroz– con un plato creado por los primeros pobladores franceses de los pantanos de Luisiana, que incluía condimentos picantes mezclados con salchicha de Andouille, jamón y, a veces, caza y caimán. Se cocinaba en grandes ollas negras –principalmente con motivo de celebraciones de la iglesia, a finales del siglo XIX– y pronto se convirtió en un plato popular para otras funciones sociales, tales como reuniones familiares, bodas y mítines políticos. Hoy en día, el festival de jambalaya que tiene lugar cada año en Gonzales, Luisiana, atrae a visitantes de todo el mundo.

Nutrición por ración y % de valores diarios (basado en 8 raciones): 413 calorías / Grasa total: 17,2 g (22 %) / Grasas saturadas: 4,5 g (23 %) / Colesterol: 191 mg (64 %) /Sodio: 688 mg (30 %) / Carbohidratos totales: 35,7 g (13 %)/ Fibra dietética: 2,6 g (9 %) / Azúcares totales: 5,2 g / Proteína: 28,2 g / Vitamina D: 0 mcg / Calcio: 137 mg / Hierro: 4 mg / Potasio: 586 mg

New Orleans Jambalaya

2 Tbsp. oil
1 onion, chopped
1 green bell pepper, cored &
   seeded, chopped
3 celery stalks, thinly sliced
2 cloves garlic, minced

½ lb. chicken Andouille
   sausage, sliced
1 cup rice
2 ½ cups water
1 (14.5 oz.) can diced tomatoes
1 tsp. paprika

½ tsp. hot sauce or more to taste
1 tsp. dried oregano
1 bay leaf
Salt & pepper
1 lb. shrimp, peeled & deveined
1 cup scallions, chopped

- In a deep pot, heat the oil and stir in the pepper, celery, onion, garlic, and sausage. Sauté for about 5 minutes until the vegetables are tender.
- Stir in the rice and slowly add water, 1 Tbsp. salt, tomatoes, and seasonings. Continue to stir and bring the mixture to a boil. Cover, reduce the heat, and let it simmer for 20 minutes.
- Stir in the shrimp and let it cook for another five minutes.
- Garnish with scallions.

Serves 6–8

Jambalaya, *the signature dish of New Orleans, grew out of a combination of Spanish Paella – with its characteristic ingredients of chicken, seafood, vegetables and rice – and a meal created by the early French Cajun settlers of the Louisiana bayou, that included spicy seasonings mixed with Andouille sausage, ham, and, at times, game and alligator. Cooked in large black pots primarily for church fairs held at the end of the 19th century – it soon became popular at other social functions, such as family gatherings, weddings, and political rallies. Today, it attracts visitors from all over the world to its renowned annual Jambalaya Festival, held in Gonzales, Louisiana.*

Nutrition per Serving & Daily Value % (based on 8 servings): 413 Calories/ Total Fat: 17.2 g (22%)/ Saturated Fat: 4.5 g (23%)/ Cholesterol: 191 mg (64%)/ Sodium: 688 mg (30%)/ Total Carbohydrate: 35.7 g (13%)/ Dietary Fiber: 2.6 g (9%)/ Total Sugars: 5.2 g/ Protein: 28.2 g/ Vitamin D: 0 mcg / Calcium: 137 mg/ Iron:4 mg/ Potassium: 586 mg

Guiso de lentejas polaco

2 cucharadas de aceite de oliva
2 cebollas, cortadas
2 dientes de ajo, picados
3 ramas de apio, en rodajas finas
6 tazas de agua

1 lb de lentejas
2 papas, peladas y cortadas
  en pedazos de 1"
4 zanahorias, peladas y
  cortadas en rodajas

¾ lbs de salchicha kielbasa
  de pavo, en rodajas
Sal y pimienta
½ taza de cebolletas,
  cortadas en rodajas

- En una sartén profunda, caliente el aceite y saltee las cebollas y el apio por unos 5 minutos. Añada el ajo y cocínelo por 1 minuto.
- Vierta el agua en la sartén y añada las lentejas, la salchicha, las papas y la zanahorias. Condimente con sal y pimienta y lleve a hervor. Baje el fuego y cocine por 30 minutos, o hasta que las lentejas estén tiernas.
- Adorne con las cebolletas o el perejil.

4–6 raciones

*El abundante y consistente **guiso de lentejas polaco**, o Grochowska, combina uno de los ingredientes más nutritivos del mundo –las lentejas– con una de las materias primas distintivas de la cocina polaca –la salchicha- kielbasa. Las lentejas, que se cultivaban a lo largo del río Éufrates, cerca de Siria, ya en el año 8000 a. de C y son mencionadas en la Biblia, han evolu- cionado a más de 50 variedades. Son altas en proteína y fibra, y a menudo substituyen a la carne –preparadas como sopas– en cualquier mesa a la hora de comer. Cuando este plato se acompaña con kielbasa de pavo, uno de los más famosos tipos de salchichas polacas (normales, secas o humadas), el resultado es saludable y delicioso.*

Nutrición por ración y % de valores diarios (basado en 6 raciones): 453 calorías / Grasa total: 8,7 g (11 %) / Grasas saturadas: 2,3 g (12 %) / Coles- terol: 14 mg (5 %) / Sodio: 337 mg (15 %) / Carbohidratos totales: 66,2 g (24 %) / Fibra dietética: 26,9 g (96 %) / Azúcares totales: 7,2 g / Proteína: 30,8 g / Vitamina D: 0 mcg / Calcio: 89 mg / Hierro: 7 mg / Potasio: 1246 mg

Polish Lentil Stew

2 Tbsp. olive oil
2 onions, chopped
2 cloves garlic, minced
3 celery stalks, thinly sliced

6 cups water
1 lb. lentils
2 potatoes, peeled and
  cut into 1" pieces

4 carrots, peeled and sliced
¾ lb. turkey kielbasa, sliced
Salt and pepper
½ cup scallions, sliced

- In a deep saucepan, heat the oil and sauté the onions and celery for about 5 minutes. Add the garlic and cook for one more minute.
- Pour the water into the pan, and stir in the lentils, sausage, potatoes, and carrots. Season with salt and pepper, and bring to a boil. Reduce the heat and let the stew simmer for about 30 minutes or until the lentils are tender.
- Garnish with scallions or parsley.

Serves 4–6

Hearty and filling, **Polish lentil stew**, or Grochowska, combines one of the most nutritious foods in the world – lentils – with one of Poland's most signature culinary staples – kielbasa sausage. Cultivated along the Euphrates River near Syria as early as 8,000 BC, and mentioned in the Bible, lentils have now evolved into more than 50 colorful varieties. They are high in protein and fiber, and often replace meat – especially as soups – at any dinner table. When paired with turkey kielbasa, one of Poland's famous meat-filled types of sausages (normal, smoked or dried), the result is both healthy and delicious.

Nutrition per Serving & Daily Value % (based on 6 servings): 453 Calories/ Total Fat: 8.7 g (11%)/ Saturated Fat: 2.3 g (12%)/ Cholesterol: 14 mg (5%)/ Sodium: 337 mg (15%)/ Total Carbohydrate: 66.2 g (24%)/ Dietary Fiber: 26.9 g (96%)/ Total Sugars: 7.2 g/ Protein: 30.8 g/ Vitamin D: 0 mcg/ Calcium: 89 mg/ Iron: 7 mg/ Potassium: 1246 mg

Borscht ruso

8 tazas de caldo vegetal, o agua
2 cucharadas de aceite de oliva
1 cebolla, cortada1 puerro
  (las partes blancas y verde
  claro), cortado en rodajas
2 tallos de apio, en rodajas finas
2 dientes de ajo, picados
2 chirivías, peladas y en rodajas
  finas

2 zanahorias, peladas y
  cortadas en rodajas finas
1 papa grande, pelada y
  cortada en dados pequeños
4 remolachas, peladas y
  cortadas en dados pequeños
¼ de col blanca, picoteada
¼ de col roja, picoteada

1 hoja de laurel
1 cucharadita de sal
½ cucharadita de pimienta
1-2 cucharadas de vinagre de
  vino rojo
3 cucharadas de eneldo fresco
½ taza de crema (agria)

- En una olla, caliente el aceite de oliva y saltee la cebolla, el puerro, el apio y el ajo, hasta que se ablanden. Vierta el caldo de vegetales o agua, hierva y añada todos los vegetales, la hoja de laurel y la sal.
- Cocine a fuego lento por 30 minutos, hasta que todo se haya cocinado, pero esté todavía ligeramente firme.
- Añada y remueva el vinagre de vino rojo y ajuste los condimentos con sal y pimienta.
- Adorne con eneldo y sirva con una cucharada de crema.

4–6 raciones

*Nombrada plato nacional en Rusia y Ucrania, esta copiosa sopa de col, remolachas y chirivías se remonta a tiempos romanos, cuando estos y otros vegetales eran cultivados en abundancia. Se dice que, hacia la mitad del siglo XVII, una versión más moderna del **borscht** de remolacha –que incluía carne– alimentó a los soldados rusos cosacos durante el cerco contra los turcos. Es popular en Europa del Este, incluído en las comunidades polacas, rumanas, judías y armenias. El borscht moderno incorpora carne o pescado, y se sirve tanto frío como caliente, con crema agria, eneldo y/o papas.*

Nutrición por ración y % de valores diarios (basado en 6 raciones): 256 Calorías / Grasa total: 10,9 g (14 %) / Grasas saturadas: 3,8 g (19 %) / Colesterol: 8 mg (3 %) / Sodio: 1507 mg (66 %) / Total Carbohidrato: 30,2 g (11 %) / Fibra dietética: 5,7 g (20 %) / Azúcares totales: 11,1 g / Proteína: 11,2 g / Vitamina D: O mcg / Calcio: 130 mg / Hierro: 3 mg / Potasio: 1059 mg

Russian Borscht

8 cups vegetable broth or water
2 Tbsp. olive oil
1 onion, chopped
1 leek, white and light green
    parts only, sliced
2 celery stalks, thinly sliced
2 garlic cloves, minced

2 parsnips, peeled and thinly sliced
2 carrots, peeled and thinly sliced
1 large potato, peeled and cut
    into small cubes
4 beets, peeled and cut into
    small cubes
¼ head of white cabbage, shredded

¼ head of red cabbage, shredded
1 bay leaf
1 tsp. salt
½ tsp. pepper
1-2 Tbsp. red wine vinegar
3 Tbsp. fresh dill
½ cup sour cream

- In a deep saucepan, heat the olive oil and sauté the onion, leek, celery, and garlic until softened. Pour in the vegetable broth or water, bring the pot to a boil, and add in all the vegetables, bay leaf, and salt.
- Let the vegetables stew for about 30 minutes until they are all cooked, but still a bit firm.
- Stir in the red wine vinegar and adjust seasoning with salt and pepper.
- Garnish with dill and serve with a dollop of sour cream.

Serves 4–6

*Named as a national dish in Russia and Ukraine, this hearty soup of cabbage, red beets, and parsnips dates back to Roman times, when these and other vegetables were grown in abundance. It is said that, in the mid 1600s, a more modern meat-filled, beetroot version of **borscht** fed thousands of Russian Cossack soldiers during a siege against the Turks. Popular in Eastern Europe, including the Polish, Romanian, Jewish, and Armenian communities, it has since expanded into varieties that include meat or fish, and is often served hot or cold with sour cream, dill, and/or potatoes.*

Nutrition per Serving & Daily Value % (based on 6 servings): 256 Calories Total Fat: 10.9 g (14%)/ Saturated Fat: 3.8 g (19%)/ Cholesterol: 8 mg (3%)/ Sodium: 1507 mg (66%)/ Total Carbohydrate: 30.2 g (11%)/ Dietary Fiber: 5.7 g (20%)/ Total Sugars: 11.1 g/ Protein: 11.2 g/ Vitamin D: 0 mcg/ Calcium: 130 mg/ Iron: 3 mg/ Potassium: 1059 mg

Pad Thai de camarones

1 paquete de 8 oz de fideos de arroz (ej., Annie Chun's)
4 cucharadas de aceite de oliva
1 taza de cebolla roja, cortada en dados
¼ taza de ajo, picado
1 taza de pimiento rojo, sin corazón ni semillas, cortado en trozos de 1"
1 taza de zanahorias pequeñas
1 lb de camarones medianos, sin caparazón ni venas
2 huevos, batidos

1 taza de maní, picado
½ taza de maníes secos, enteros
1 taza de cilantro fresco, picado
1 taza de chalotes, picados
½ cucharadita de pimienta picante (cayena molida, o hojuelas de pimiento picante)
¾ taza de caldo de pollo
4 cucharadas de azúcar moreno
3 cucharadas de salsa de soja baja en sodio

3 cucharadas de salsa de pescado
2 cucharadas de vinagre de vino de arroz
3 cucharadas de jugo de limón
3 cucharadas de mantequilla de maní cremosa
½ cucharadita de raíz de jengibre fresca, picada
2 tazas de brotes de soja frescos
2 cucharaditas de sal
3 limones cortados en forma de cuña

- Remoje los fideos en un cuenco con agua fría durante 30-45 minutos, hasta que estén ligeramente blandos.
- Recubra una sartén grande (o wok) con aceite de oliva, y caliente el aceite a fuego medio. Añada la cebolla, el ajo, el pimiento rojo, las zanahorias y los camarones. Sofría (saltee) los vegetales por 2-3 minutos, sin cocinarlos demasiado, y colóquelos en un cuenco aparte.
- En la sartén, combine el caldo de pollo, el azúcar, la salsa de soja, la salsa de pescado, el vinagre, el jugo de limón, la mantequilla de maní, el jengibre, y ½ cucharadita de pimienta picante. Cocínelo a fuego lento y déjelo reposar.
- Caliente la sartén con otra cucharada de aceite, añada los fideos y saltee por 1 minuto. Añada la salsa a los fideos y saltee por unos minutos más, hasta que empiece a espesar. Empuje los fideos a un lado de la sartén, añada los huevos y cocine hasta que empiece a hacerse un revoltillo. Mezcle los huevos revueltos con los fideos y saltéelos juntos por unos pocos minutos más (los huevos se pegarán a los fideos).
- A fuego bajo, añada los camarones, los vegetales y los brotes de soja, y remueva por 1 minuto, más o menos. Retire del fuego y mezcle el maní picado, los chalotes, el cilantro y el resto de la pimienta picante. Añada sal y pimienta a gusto y revuelva.
- Adorne con maní entero, chalotes extras, cilantro y las cuñas de limón 3 cucharadas de aceite.

4–6 raciones

*Aunque el plato se considera la comida nacional de Tailandia, la receta original de fideos de arroz **Pad Thai** es realmente china. El gobierno tailandés la introdujo en los años 30, para promover el nacionalismo y una identidad cultural más moderna cuando el nombre del país cambió de "Siam" a "Tailandia". Se llevó a competencia y el Pad Thai fue el plato ganador. Desde entonces, este plato agridulce de fideos de arroz, brotes de soja, rábanos, maní y huevo ha incorporado nuevos ingredientes, entre ellos camarones, pollo y tofu, y se ha convertido en una de las comidas más reciadas alrededor del mundo*

Nutrición por ración y % de valores diarios (basado en 6 raciones): 561 calorías / Grasa total: 34,3 g (44 %) / Grasas saturadas: 5,2 g (26 %) / Colesterol: 203 mg (68 %) / Sodio: 180 mg (95 %) / Carbohidratos totales: 37 g (13 %) / Fibra dietética: 8 g (29 %) / Azúcares totales: 16,7 g / Proteína: 35,5 g / Vitamina D: 5 mcg / Calcio: 146 mg / Hierro: 7 mg / Potasio: 687 mg

*Considered the national dish of Thailand, the original rice noodle of **Pad Thai** is actually Chinese. Introduced by the Thai government in the 1930s as a means of promoting Thai nationalism and a more modern cultural identity at a time when the country changed its name from "Siam" to "Thailand", the Pad Thai recipe was the winning result of a public culinary contest. Since then, this original sweet and sour plate of rice noodles, beansprouts, radishes, peanuts, and egg has expanded to include other ingredients such as shrimp, chicken, and tofu, and become one of the most beloved dishes in the world.*

Shrimp Pad Thai

8 oz. package rice noodles (e.g. Annie Chun's)
4 Tbsp. olive oil
1 cup red onion, diced
¼ cup garlic, minced
1 cup red bell pepper, cored & seeded, cut into 1" pieces
1 cup matchstick carrots
1 lb. medium size fresh shrimp, shelled & deveined
2 eggs, beaten

1 cup dry roasted peanuts, chopped
½ cup dry roasted peanuts, whole
1 cup fresh cilantro, chopped
1 cup scallions, chopped
½ tsp. hot pepper (ground cayenne or red pepper flakes)
¾ cup chicken stock
4 Tbsp. brown sugar

3 Tbsp. low sodium soy sauce
3 Tbsp. fish sauce
2 Tbsp. rice wine vinegar
3 Tbsp. lime juice
3 Tbsp. creamy peanut butter
½ tsp. fresh ginger root, minced
2 cups fresh bean sprouts
2 tsp. salt
3 limes cut into wedges

Nutrition per Serving & Daily Value % (based on 6 servings): 561 Calories Total Fat: 34.3 g (44%)/ Saturated Fat: 5.2 g (26%)/ Cholesterol: 203mg (68%)/ Sodium: 2180 mg (95%)/ Total Carbohydrate: 37 g (13%/ Dietary Fiber: 8 g (29%)/ Total Sugars: 16.7 g/ Protein: 35.5 g/ Vitamin D: 5 mcg/ Calcium: 146 mg/ Iron: 7 mg/ Potassium: 687 mg

- Soak the noodles in a bowl of cold water for about 30 minutes until lightly softened.
- Coat a large, deep frying pan (or wok) with olive oil and heat the oil over medium heat. Add the onion, garlic, red peppers, carrots, and shrimp. Stir-fry (sauté) the vegetables together for 2-3 minutes without overcooking, and transfer them to a separate bowl.
- In the frying pan, combine the chicken stock, sugar, soy sauce, fish sauce, vinegar, lime juice, peanut butter, ginger, and 1/2 tsp. hot pepper. Bring to a simmer and set aside.
- Heat the pan with another tablespoon of oil, add the noodles and sauté for one minute. Add the sauce to the noodles and sauté a few more minutes until it begins to thicken. Push the noodles aside in the pan and add the eggs until they begin to scramble. Blend the eggs with the noodles and sauté together for another few minutes (eggs will stick to the noodles).
- Over low heat, add shrimp, vegetables, and bean sprouts, and toss together for about 1 minute. Remove them from the heat and stir in chopped peanuts, scallions, cilantro, and remaining hot pepper. Add salt and pepper to taste and toss together.
- Garnish with whole peanuts, additional fresh scallions, cilantro, and lime wedges.

Serves 4–6

Paella española

3 cucharadas de aceite	1 ½ lbs de muslos de pollo	2 tazas de arroz
1 cebolla, cortada	sin hueso, cortados en	4 tazas de caldo de pollo,
1 pimiento rojo, sin corazón	trozos de 1 ½"	o agua, calientes
ni semillas, cortado	2 salchichas de chorizo	1 taza de salsa, ya preparada
1 pimiento verde, sin corazón	de pavo	1 pizca de azafrán (ej., 0.0141 oz
ni semillas, cortado	1 cucharada de pimentón	Badia Pure Selected Saffron)
2 cucharadas de ajo, picado	1 cucharada de tomillo seco	1 lb de camarones
	Sal y pimienta	1 taza de guisantes verdes

- En una olla o sartén honda, saltee las cebollas y pimientos por unos 5 minutos. Añada el ajo y sofría la mezcla por un minuto más.
- Condimente el pollo con pimentón, tomillo, sal y pimienta, y añádalo a la sartén. Saltee todo junto, hasta que el pollo esté dorado por todos lados.
- Añada el arroz a la mezcla, dando vueltas constantemente para que los granos queden cubiertos de aceite.
- Vierta las 4 tazas de caldo de pollo o agua, 1 cucharada de sal, la salsa y el azafrán. Cubra y deje cocer a fuego lento por 20 minutos.
- Añada los camarones y cocínelos, dando vueltas hasta que los camarones tengan color rosado. Agregue los guisantes y deje que la mezcla se cocine por 1 minuto más.
- Adorne con una pizca rociada de perejil.

6–8 raciones

Valencia, una ciudad portuaria rodeada de campos de arroz, en la región catalana al este de España, es el hogar del plato más famoso del país, la **paella.** Llevada a España hace cerca de mil años por los moros del norte de África, se preparaba con restos de comida del día anterior y se servía a los granjeros en un gran gran plato de arroz comunitario, directamente de la sartén. La receta original incluía conejo, pato, caracoles y pollo, y todavía es considerada como la más auténtica. Con el tiempo, se añadió azafrán a la receta –su especia distintiva– y se hicieron muchas variantes. Hoy en día se conoce principalmente como un plato de arroz con azafrán, pollo, salchicha, vegetales y mariscos.

Nutrición por ración y % de valores diarios (basado en 8 raciones): 679 calorías / Grasa total: 18,8 g (24 %) / Grasas saturadas: 4,4 g (22 %) / Colesterol: 265 mg (88 %) / Sodio: 1152 mg (50 %) / Carbohidratos totales: 64,5 g (23 %) / Fibra dietética: 4,3 g (15 %) / Azúcares totales: 5,5 g / Proteína: 61 g / Vitamina D: 0 mcg / Calcio: 182 mg / Hierro: 6 mg / Potasio: 844 mg

Spanish Paella

3 Tbsp. oil
1 onion, chopped
1 red bell pepper, cored &
   seeded, chopped
1 green bell pepper, cored &
   seeded, chopped
2 Tbsp. garlic, minced

1 ½ lbs. boneless chicken
   thighs, cut into 1 ½" pieces
2 turkey chorizo sausages
1 Tbsp. paprika
1 Tbsp. dried thyme
Salt and pepper
2 cups rice

4 cups of chicken stock
   or water, heated
1 cup prepared salsa
1 pinch of saffron (ex. .0141 oz.
Badia Pure Selected Saffron)
1 lb. shrimp
1 cup green peas

- In a deep saucepan or frying pan, sauté the onions and peppers for about 5 minutes. Add the garlic and let the mixture sizzle for another minute.
- Season the chicken with paprika, thyme, salt, and pepper, and add them to the pan. Sauté together until the chicken is golden brown on all sides.
- Add the rice to the mixture, stirring it continuously so that the grains get coated with the oil.
- Pour in the 4 cups of hot chicken stock or water, 1 Tbsp. of salt, salsa, and saffron. Cover and let simmer for 20 minutes.
- Add in the shrimp and cook, stirring until the shrimp turn pink. Stir in the peas and let the mixture cook for another minute.
- Garnish with a sprinkling of chopped parsley.

Serves 6–8

Valencia, a port city surrounded by rice fields in the eastern Catalán region of Spain, is home to the country's most famous national dish, **paella.** Brought to Spain over a thousand years ago by the North-African Moors, it was cooked with leftovers for farmers as one large communal rice dish to be eaten directly out of the pan. Its original recipe with rabbit, duck, snails, and chicken is still considered the most authentic. Over time, saffron was added to the dish – becoming its signature spice – and it expanded into many varieties. Today, it is best known as a dish of saffron rice with chicken, sausage, vegetables, and shellfish.

Nutrition per Serving & Daily Value % (based on 8 servings): 679 Calories/ Total Fat: 18.8 g (24%)/ Saturated Fat: 4.4 g (22%)/ Cholesterol: 265 mg (88%)/ Sodium: 1152 mg 50%)/ Total Carbohydrate: 64.5 g (23%)/ Dietary Fiber: 4.3 g (15%)/ Total Sugars: 5.5 g/ Protein: 61 g/ Vitamin D: 0 mcg/ Calcium: 182 mg/ Iron: 6 mg/ Potassium: 844 mg

Tortilla española

⅛ de taza de aceite de oliva
2 papas medianas de Idaho,
   cortadas en rodajas de 1"
2 tazas de guisantes
1 taza de zanahorias, cortadas
   en cubitos
1 cebolla roja, picada

½ pimiento rojo, cortado
   en tiras finas
1 chalote, picado
3 dientes de ajo, picados
1 cucharada de cayena, o
   pimienta roja picante
   molida (opcional)

1 cucharadita de pimienta
   dulce molida (opcional)
½ de taza de caldo de pollo
   o verduras
12 huevos
Sal y pimienta
2 cebolletas, picadas

- Caliente el horno a 375°.
- Cubra el fondo y los lados de una sartén profunda de 12" con aceite de oliva. Rocíe los vegetales con un poco
  de aceite de oliva y pimienta dulce molida. Saltee las papas, la cebolla, el pimiento rojo, el chalote, las zanahorias,
  el ajo, los guisantes y cayena durante 1-2 minutos a fuego medio.
- Añada el caldo de pollo, cubra la sartén y cocine durante 5 minutos, hasta que las papas y las zanahorias estén
  blandas, pero firmes. Reduzca a fuego lento y remueva ocasionalmente, para evitar que la mezcla se pegue a
  la sartén.
- Bata los huevos con un tenedor o un batidor hasta que estén bien mezclados. Añada sal y pimienta a gusto.
  Vierta los huevos sobre la mezcla de vegetales y distribúyala para que todos los vegetales queden cubiertos.
- Cubra la sartén y colóquela en el horno. Hornee durante 15 minutos a 375°, o hasta que la tortilla esté dorada.
- Retire la sartén del horno. Cúbrala con un plato de servir y dé la vuelta a la tortilla con la ayuda del plato.
- Adorne con cebolletas.

6–8 raciones

Conocida en España como "tortilla de patatas", o
"tortilla de papas", esta sencilla receta se ha prepa-
rado en las cocinas por más de 200 años. Al ser una
de las tapas o platos españoles fundamentales, se
ofrece caliente o fría en los bares y restaurantes
durante todo el día, desde el desayuno hasta la cena,
tarde en la noche. Puede incluir diversos vegetales o
sobras. Rica en proteínas, la **tortilla española**
radicional no contiene cayena o pimienta dulce

Nutrición por ración y % de valores diarios
(basado en 8 raciones): 211 calorías / Grasa
total: 10,1 g (13 %) / Grasas saturadas: 2,6 g
(13 %) / Colesterol: 246 mg (82 %) / Sodio:
157 mg (7 %) / Carbohidratos totales: 19,5 g
(7 %) / Fibra dietética: 4,2 g (15 %) / Azúcares
totales: 5,3 g / Proteína: 11,9 g / Vitamina D:
23 mcg / Calcio: 65 mg / Hierro: 2 mg /
Potasio: 520 mg

Spanish Tortilla

⅛ cup olive oil
2 medium Idaho potatoes, cut into thin 1" slices
2 cups peas
1 cup carrots, diced
1 red onion, chopped

½ red bell pepper, cut into thin 2" strips
1 shallot, chopped
3 garlic cloves, minced
1 Tbsp. cayenne or crushed red pepper (optional)

1 tsp. ground allspice (optional)
½ cup chicken or vegetable stock
12 eggs
Salt & pepper
2 scallions, chopped

- Heat oven to 375°.
- Coat the bottom and sides of a deep 12" ovenproof frying pan with olive oil. Drizzle the vegetables with some olive oil and allspice, and sauté together potatoes, onions, bell pepper, shallots, garlic, carrots, peas, and cayenne pepper for about 1-2 minutes over medium heat.
- Add the stock, cover the pan, and cook for about 5 minutes until the potatoes and carrots are soft, but firm. Reduce to low heat and stir occasionally to prevent mixture from sticking to the pan.
- Beat the eggs with a fork or whisk until smooth, and add salt and pepper to taste. Pour the eggs over the vegetable mixture and distribute them evenly so that all vegetables are covered.
- Cover the pan and place in the oven. Bake for 15 minutes at 375° or until golden brown.
- Remove the pan from the oven, cover it with a serving plate, and flip the tortilla upside down on the plate.
- Garnish with scallions.

Serves 6–8

*Known in Spain as **"tortilla de patatas"** or "tortilla de papas," this simple Spanish potato omelet has been prepared in kitchens for more than 200 years. As a staple of Spanish "tapas" or a main dish, it is offered hot or cold in bars and restaurants all day long, from breakfast in the morning to dinner late at night. It can be made with a variety of vegetables, as well as leftovers. Rich in protein, the traditional **tortilla española** doesn't include cayenne pepper or allspice.*

Nutrition per Serving & Daily Value % (based on 8 servings): 211 Calories/ Total Fat: 10.1 g (13%)/ Saturated Fat: 2.6 g (13%)/ Cholesterol: 246 mg (82%)/ Sodium: 157 mg (7%)/ Total Carbohydrate: 19.5 g (7%)/ Dietary Fiber: 4.2 g (15%)/ Total Sugars: 5.3 g/ Protein: 11.9 g/ Vitamin D: 23 mcg/ Calcium: 65 mg/ Iron: 2 mg/ Potassium: 520 mg

Albóndigas suecas

Para las albóndigas:
1 lb de pavo, picado
2 rebanadas de pan blanco,
   remojadas en leche
¼ de cucharadita de nuez
   moscada

(Opcional:
1 lb. de fideos de huevo)

¼ de cucharadita de comino
1 cebolla pequeña, cortada
Sal y pimienta
1 huevo
2 cucharadas de aceite
   de oliva

Para la salsa:
3 cuchardas de mantequilla
3 cucharadas de harina
2 tazas de agua o caldo
½ taza de crema de leche
1 cucharadita de mostaza de Dijon
¼ taza de eneldo fresco

- Retire el pan de la leche y combínelo con la carne, nuez moscada, comino, cebolla y huevo. Condiméntelo con sal y pimienta y haga unas 20 pequeñas bolas con la mezcla.
- En una sartén grande, caliente el aceite y dore lentamente las albóndigas. Deje reposar.
- Para la salsa, derrita la mantequilla en la sartén y combínela con la harina, mientras bate hasta que la salsa adquiera un color marrón claro. Añada el agua o el caldo, la crema de leche y los condimentos poco a poco, y deje que la salsa se cocine a fuego lento hasta que se espese.
- Combine las albóndigas con la salsa, añada el eneldo y cocine a fuego lento por otros 5 minutos.
- Hierva los fideos de huevo y déjelos reposar.
- Sirva sobre fideos de huevo, con salsa de arándanos rojos o grosellas rojas.

6–8 raciones

---

*Se ha descubierto recientemente que las **albóndigas suecas** (Kötbullar), uno de los platos más famosos del país, evolucionaron a partir una receta turca de albóndigas picantes köfte del siglo XVIII, que fue importada desde Turquía, en tiempos del Imperio otomano, por el Rey Carlos XII de Suecia, después de una serie de batallas contra Rusia y otros países. En Escandinavia, el plato de albóndigas suecas se cocina a menudo con carne de reno, así como con cordero o res. Se sirve con papas o pasta y una porción de salsa de arándonos rojos, que es similar a la de grosellas rojas americanas. Esta receta usa albóndigas de pavo picado.*

Nutrición por ración y % de valores diarios (basado en 8 raciones): 449 calorías / Grasa total: 25,4 g (33 %) / Grasas saturadas: 8,7 g (43 %) /Colesterol: 155 mg (52 %) / Sodio: 222 mg (10 %) / Carbohidratos totales: 31,2 g (11 %) /Fibra dietética: 2 g (7 %) / Azúcares totales: 51,5 g / Proteína: 27,5 g / Vitamina D: 12 mcg / Calcio: 99 mg/ Hierro: 4 mg/ Potasio: 361 mg

Recently, it was revealed that **Swedish Meatballs** (*Kötbullar*), one of the country's best known dishes, is actually based on an 18th century Turkish recipe of spiced köfte meatballs brought back by King Charles XII of Sweden from Turkey during the Ottoman Empire, after a series of battles with Russia and other countries. In Scandinavia, the Swedish meatball dish is often made with reindeer meat, as well as ground lamb or beef, and is served with potatoes or pasta, and a tart lingonberry sauce, which is similar to the American cranberry sauce. This recipe uses meatballs with ground turkey.

Swedish Meatballs

For the Meatballs:
1 lb. ground turkey
2 slices of white bread, soaked in milk
¼ tsp. nutmeg, ground

(Optional:
1 lb. egg noodles)

¼ tsp. cumin, ground
1 small onion, chopped
Salt and pepper
1 egg
2 Tbsp. olive oil

For the Gravy:
3 Tbsp. butter
3 Tbsp. flour
2 cups water or broth
½" cup heavy cream
1 tsp. Dijon mustard
¼ cup fresh dill

- Remove the bread from the milk and squeeze it dry. Combine it with the meat, nutmeg, cumin, onion, and egg. Season with salt and pepper and shape the mixture into about 20 small balls.
- In a large frying pan, heat the oil and slowly brown the meatballs on all sides. Set aside.
- For the gravy, melt the butter in the pan, and whisk in the flour until the sauce is light brown. Slowly add in the water or broth, cream, and seasonings, and let the sauce simmer until it thickens.
- Stir the meatballs into the sauce, add the dill, and let them simmer for another five minutes.
- Boil the egg noodles and set aside.
- Serve over egg noodles with lingonberry or cranberry sauce.

Serves 6–8

Nutrition per Serving & Daily Value % (based on 8 servings): 449 Calories/ Total Fat: 25.4 g (33%)/ Saturated Fat: 8.7 g (43%)/ Cholesterol: 155 mg (52%)/ Sodium: 222 mg (10%)/ Total Carbohydrate: 31.2 g (11%)/ Dietary Fiber: 2 g (7%)/ Total Sugars: 51.5 g/ Protein: 27.5 g/ Vitamin D: 12 mcg/ Calcium: 99 mg/ Iron: 4 mg/ Potassium: 361 mg

Plov uzbeko con pollo

8 patas de pollo, sin piel	3 dientes de ajo, picados	1 cucharada de cilantro molido
Sal y pimienta	1 taza de arroz	¼ cucharadita de cayena
¼ taza de aceite de oliva	2 tazas de agua	½ cucharadita de cúrcuma
1 lb de zanahorias, en rodajas	1 cabeza entera de ajo, con piel	¼ taza de pasas (opcional)
2 cebollas, cortadas	1-2 cucharadas de comino molido	½ taza de chalote, cortado

- Condimente los pedazos de pollo con sal y pimienta.
- En una sartén profunda, caliente el aceite y saltee el pollo, hasta que esté dorado. Añada las cebollas, el ajo picado, las zanahorias y las especias, y cocine por otros 5 minutos.
- Agregue el arroz, el agua, 1 cucharada de sal y la cabeza entera de ajo Hierva.
- Cuando comience a hervir, añada las pasas y baje el fuego. Cocine a fuego lento por unos 25 minutos.
- Vierta el arroz y el pollo en una bandeja de servir, y corone el plato con la cabeza de ajo cocida.
- Para servir, presione los dientes de ajo para desprenderlos de la cabeza, y mézclelos con los demás ingredientes, según guste.
- Adorne con los chalotes.

6–8 raciones

El **plov,** el preciado plato de Uzbekistán (también conocido como pilaf o pulau), es un plato de láminas de arroz, usualmente reservado para las bodas y las ocasiones especiales. Existen docenas de recetas —muchas datan del siglo X— con carne (res, cordero, codorniz o pollo), vegetales (zanahorias, cebollas y/o garbanzos) y frutas (pasas, bayas y/o membrillo). Tradicionalmente, lo preparaban los hombres en una caldera de hierro fundido o kazán), a fuego abierto, y se servía en un plato colectivo para cientos de personas a la vez. Lleno de ajo —cocido entero o en pedazos— el plov es muy nutritivo. Se acompaña con varias ensaladas y té negro o verde.

Nutrición por ración y % de valores diarios (basado en 8 raciones): 353 calorías / Grasa total: 9,5 g (12 %) / Grasa saturada: 1,7 g (8 %)/ Colesterol: 40 mg (13 %)/ Sodio: 83 mg (4 %)/ Carbohidratos totales: 49,4 g (18 %) / Fibra dietética: 2,9 g (10 %) / Azúcares totales: 6,7 g / Proteína: 17,1 g /Vitamina D: 0 mcg/ Calcio: 56 mg/ Hierro: 4 mg / Potasio: 423 mg

As the prized national dish of Uzbekistan, **plov** (a.k.a. pilaf or palov) is a layered rice dish usually reserved for weddings and special occasions. Dozens of its recipes – many of which date back to the 10th century – include meat (beef, lamb, quail or chicken), vegetables (carrots, onions, and/ or chickpeas), and fruit (raisins, berries, and/or quince). They are traditionally cooked by men in a cast-iron cauldron (or kazan) over an open fire, and served as a large communal dish to hundreds of guests at a time. Filled with garlic – cooked both whole as well as in pieces – plov is very nourishing, and is offered with a variety of salads, and black or green tea.

Uzbek Plov with Chicken

8 chicken drumsticks, skinless
Salt & pepper
¼ cup olive oil
1 lb. carrots, sliced
2 onions, chopped

3 garlic cloves, minced
1 cup rice
2 cups water
1 whole garlic head, with peel
1-2 Tbsp. cumin, ground

1 Tbsp. coriander, ground
¼ tsp. cayenne
½ tsp. turmeric
¼ cup of raisins (optional)
½ cup of scallions, chopped

- Season the chicken pieces with salt and pepper.
- In a deep saucepan, heat the oil and sauté the chicken until golden brown. Add the onions, minced garlic, carrots, and spices, and cook them for another 5 minutes.
- Stir in the rice, water, 1 Tbsp. of salt, and whole garlic head, and bring the mixture back to a boil.
- Once the pot returns to a boil, add the raisins and lower the heat. Let everything simmer for about 25 minutes.
- Place the rice and chicken on a serving plate and top the dish with the cooked head of garlic.
- To serve, squeeze the garlic cloves out of the skins of the garlic head, and stir them as desired into the dish.
- Garnish with scallions

Serves 6–8

Nutrition per Serving & Daily Value % (based on 8 servings): 353 Calories/ Total Fat: 9.5 g (12%)/ Saturated Fat: 1.7 g (8%)/ Cholesterol: 40 mg (13%)/ Sodium: 83 mg (4%)/ Total Carbohydrate: 49.4 g (18%)/ Dietary Fiber: 2.9 g (10%)/ Total Sugars: 6.7 g/ Protein: 17.1 g/ Vitamin D: 0 mcg/ Calcium: 56 mg/ Iron: 4 mg/ Potassium: 423 mg

Healthy Hints for the Home Cook

- Stock your cupboard with a variety of spices and herbs, and use them in your ethnic dishes. Spices not only help define the taste of each dish: They also are said to provide many health benefits. The spices can include ginger (for pain, digestion, and inflammation); cinnamon and oregano (as antioxidants); red pepper and paprika (for blood pressure and circulation); rosemary (as an anti-inflammatory and for mental cognition); thyme (for heart and respiratory conditions); and the curry-based turmeric (for diabetes, allergies, arthritis, and cancer).

- Eat in moderation and consume a variety of foods each day (preferably five small portions daily), with emphasis on fruits and vegetables. Avoid large meals and late night snacks that can affect sleep and cause weight gain.

- Use extra virgin olive oil (preferably organic) instead of other oils in salads. Use it also for sautéing, frying, and grilling instead of butter or margarine.

- Whenever possible, go fresh or organic with dairy, eggs, vegetables, and meats, but don't hesitate to use frozen foods as well when fresh ones are not available: They are just as nutritious.

- When eating meats, minimize your consumption of red meat. Try replacing it with turkey or chicken (both low in fat and high in protein), or fish – such as salmon, tuna, and sardines – that are rich in Omega 3 fatty acids and are good for the brain.

- When possible, lighten your dishes by reducing carbohydrates (e.g. breads, cereals, pasta, and potatoes). For example, try mashing cauliflower instead of potatoes or replacing at least half of your pasta with steamed spaghetti squash or zucchini ribbons.

- Go meatless several times a week by replacing chicken with garbanzo or other beans in your favorite chicken salad recipe, making a delicious Italian risotto with mushrooms or asparagus, or cooking a tomato-based sauce filled with vegetables and raisins over couscous.

- When cooking with pasta, replace white pasta with veggie (or whole grain) pasta. Some companies like *Barilla* make a spinach-based green veggie spaghetti pasta, as well as a colorful red tomato-based penne pasta. Each is filled with a full serving of vegetable purées.

- Include lots of garlic (cut, minced or pressed with a garlic press) whenever possible in your dishes. Used historically for its medicinal properties (e.g. colds, cholesterol, blood pressure), it is healthy, nutritious, and adds lots of taste to meals.

- Try minimizing your use of butter, and replacing it with ghee (clarified butter, available in most supermarkets) for sautéing and frying. Ghee needs no refrigeration, has a high smoke point, and contains no lactose or casein. While the difference in calories between butter and ghee is small, ghee is richer in vitamins A, D, and E.

- Whenever possible, grow your own fresh herbs in pots near a window. Fresh cut basil, chives or mint leaves are tasty and make excellent additions to your meals and drinks.

- Include nuts (almonds or walnuts), seeds, olives, and blueberries in your daily diet: they provide energy, fill hunger pangs, and help with mental acuity.

- Try full fat yogurt instead of oil for salad dressings, and avoid dressings with mayonnaise. You may also wish to try mashed avocado or hummus instead of mayonnaise with tuna to cut back on processed fats. However, if you do cook with mayonnaise, use it sparingly and limit it to specific dishes. For example, coating a piece of fish with a thin layer of mayonnaise and sautéing it in olive oil will add a nice crispiness to the fish.

- Avoid fat-free products. Manufacturers replace the fat with sugar and other flavors and chemicals.

- Hydrate daily with lots of water. Try some refreshing coconut water with brands that contain electrolytes and potassium.

- As long as the ingredients are generally healthy (check the labels), don't hesitate to use some prepared foods. They can cut down on time and expense when preparing a specific dish.

- Avoid drinks (e.g. sodas) and food products with high sugar content or artificial fructose. When possible, replace white sugar with other sweeteners, such as brown sugar, coconut sugar, honey or Stevia.

- Reduce your salt intake, especially if you have problems with high blood pressure. Many products off the shelf, such as cereals, sauces, and soups, deliver more than your suggested daily amount.

- Avoid as much as possible genetically modified foods (GMOs) that are filled with chemicals.

- Always read your nutritional labels carefully. Avoid food products that contain palm oil, hydrogenated soybean oil, high saturated fats, and monosodium glutamate.

- In many recipes, you can substitute white potatoes with the more nutritious sweet potatoes or use half of each kind, as in mashed potatoes or oven-roasted potatoes.

- Don't be afraid to be creative and experiment with existing recipes by trying different herbs or spices with the foods you have on hand. You may very well create a brand-new dish!

Ideas saludables para cocinar en casa

- Aprovisione su despensa con diversas especias y hierbas, y úselas en sus platos étnicos. Las especias no solo ayudan a definir el sabor de cada plato, también se dice que reportan muchos beneficios para la salud. Algunas especias muy beneficiosas son el jengibre (alivia el dolor, la indigestión e inflaciones); la canela y el orégano (son antioxidantes); el pimentón y el pimiento rojo (regulan la presión y la circulación); el romero (es un anti-inflamatorio y mejora la cognición intelectual); el tomillo (para la el corazón y las condiciones respiratorias); y la cúrcuma, basada en el curry (para la diabetes, las alergias, la artritis y el cáncer).

- Coma con moderación y consuma una diferentes comidas cada día (preferiblemente cinco pequeñas porciones diariamente), poniendo énfasis en las frutas y las verduras. Evite las grandes porciones y los tentempiés tarde por la noche, ya que pueden afectar el sueño y causar aumento de peso.

- Use aceite extra virgen de oliva (preferiblemente orgánico) en lugar de otros aceites en las ensaladas. Úselo también para saltear, freír y asar, en vez de mantequilla o margarina.

- Siempre que sea posible, escoja productos lácteos, vegetales y carnes frescos y orgánicos, pero no dude en usar productos congelados cuando los frescos no estén disponibles, y son igual de nutritivos.

- Cuando coma carnes, minimice el consumo de carnes rojas. Trate de sustituirlas con pavo o pollo (ambos son bajos en grasa y altos en proteína), o pescado –salmón, atún y las sardinas– que es rico en ácidos grasos Omega 3, beneficiales para el cerebro.

- Cuando sea posible, aligere sus platos reduciendo los carbohidratos (ej., panes, cereales, pasta y papas). Por ejemplo, haga puré de coliflor en lugar de usar patatas o substituya por lo menos la mitad de la pasta con espaguetis de calabaza al vapor o lazos de zapallito.

- Pase de comer carnes varias veces durante la semana. Sustituya el pollo por garbanzos u otro tipo de frijoles en su receta favorita de ensalada de pollo, haga un delicioso risotto italiano con hongos o espárragos, o cocine una salsa con base de tomate repleta de vegetales con uvas pasas sobre cuscús.

- Cuando cocine pasta, sustituya la pasta blanca con pasta vegetal (o integral). Algunas compañías como Barilla producen pasta verde con base de espinacas, o roja, con base de tomate. Ambas representan una ración completa de puré de vegetales.

- Incluya en sus platos mucho ajo (cortado, picado o trinchado con una prensa de ajo), siempre que sea posible. Conocido por sus propiedades medicinales (ej., resfriados, colesterol, tensión arterial), es saludable, nutritivo y añade mucho sabor a sus platos.

- Procure minimizar el uso de mantequilla. Sustitúyala por mantequilla clarificada (ghee, disponible en la mayoría de los supermercados) para saltear y freír. La mantequilla clarificada no necesita ser refrigerada, se ahuma a altas temperaturas y no contiene lactosa ni caseína. Aunque la diferencia calórica entre ambas mantequillas no es muy grande, la clarificada es más rica en vitaminas A, D y E.

- Siempre que sea posible, cultive sus propias hierbas en macetas cerca de la ventana La albahaca, el cebollino y las hojas de menta frescas son, además de deliciosas, excelentes ingredientes para sus comidas y bebidas.

- Incluya frutos secos (almendras o nueces), semillas, olivas y arándanos en su dieta diaria: le darán energía, le saciarán y le estimularán la agudeza mental.

- Pruebe a utilizar yogur entero, en lugar de aceite, para aderezar ensaladas. Evite aderezar con mayonesa. Puede sustituirla por aguacate en puré o humus cuando prepara atún, para limitar el consumo de grasas procesadas. Si cocina con mayonesa, úsela con mesura y solo en platos específicos. Por ejemplo, si reboza un filete de pescado con una fina capa de mayonesa y lo saltea en aceite de oliva, lo hará más crujiente.

- Evite los productos sin grasa. Los fabricantes sustituyen la grasa por azúcar y otros sabores e ingredientes químicos.

- Hidrátese diariamente con mucha agua. Pruebe la refrescante agua de coco consumiendo marcas comerciales que contengan electrólitos y potasio.

- Si los ingredientes son generalmente saludables (compruebe las etiquetas), no dude en usar algunas comidas ya preparadas. Pueden reducir el tiempo y el coste al preparar un plato específico.

- Evite las bebidas (ej., sodas) y los productos alimenticios con alto contenido de azúcar o fructuosa artificial. Siempre que sea posible, sustituya el azúcar blanco por otros edulcorantes como azúcar moreno, azúcar de coco, miel o Stevia.

- Reduzca el consumo de sal, especialmente si tiene problemas de alta tensión arterial. Muchos de los productos disponibles en el supermercado, como cereales, salsas y sopas, proporcionan más de la cantidad óptima diaria.

- Evite en lo posible los alimentos genéticamente modificados (GMOs) que contengan muchos químicos.

- Lea siempre la información nutricional. Evite los productos alimenticios que contengan aceite de palma, aceite hidrogenado de soja, grasas altamente saturadas y glutamato monosódico.

- En muchas recetas, por ejemplo en el puré de papas o en las papas al horno, puede sustituir las papas blancas por boniatos, o usar mitad de unas y mitad de otro.

- No tenga miedo de ser creativo y experimentar con las recetas, probando diferentes hierbas o especias con los ingredientes que tenga a mano. ¡Podría llegar a crear un plato nuevo!

Index

Índice

Notas

